译文经典

社会学：批判的导论

Sociology
A Brief but Critical Introduction

Anthony Giddens

〔英〕安东尼·吉登斯 著

郭忠华 译

目 录

序　言

　　在过去几十年间，社会学以及更广义的社会科学已经发生了巨大的变化。然而，这些变化大部分只是在较为复杂的文献中才得到讨论，对于不熟悉这一题材的人来说，他们通常难以理解它们。本书的写作在于提供一个反映社会学当前发展的导论，以使初学者也能够了解它们。我之所以称之为"批判的导论"，主要是出于两方面的原因：首先，对于那些长期被看作是社会学既定智慧的一系列观念来说，它是批判性的；同时，我也认为，从本书所理解的社会学而言，它与社会批判之间存在着必然而直接的联系。社会学不可能是一种中性的知识活动，它不能不关心其分析对其研究对象可能产生的实际影响。

　　本书在许多方面不同于社会学的其他导论性文本。它检视了社会理论的基本问题——即社会学与所有社会科学共同关心的理论核心。我并不认为，对于那些对社会学只想有粗浅了解的读者来说，这些问题就不重要。我也不接受这样一种共识：在读者对社会学的经验内容有更多的了解之前，这些问题过于复杂，以至于难以理解。同时，即使在分析这些经验性内容的时候，我也强调了一些迥异于其他导论性著作的重点。许多社会学著作都是针对某一特定社会而写的——它所针对的是作者和读者都生活于其中的社会。我将力图避免这种偏狭的形式，我认为，社会学思想的主要任务之一就是打破这种熟悉环境的限制。但是，本书最突出的特征或许在于其强烈的历史取向。"社会学"和"历史学"或许可以作为两个泾渭分明的研究领域而得到传授，但我认为这种观点是错误的。

我尽可能做到简洁，但这也意味着在广泛性方面必须有所牺牲。我无意写作一本百科全书式的作品，以此涵盖所有符合社会学旨趣的主题。读者倘若需要的是这样的一本书的话，那就只有另觅高明了。

安东尼·吉登斯

致　谢

　　作者和出版商谨向下列友好地允许我们使用其版权材料的个人或机构表示衷心的感谢。皇室出版管理处（Her Majesty's Stationery Office）的管理员，我们从《社会趋势》（*Social Trends*）中引用了相关数据；联合国1983年出版的《联合国统计年鉴（1981）》，我们从中引用了相关图表。我们愿意向版权持有者负责，倘若中间存在任何无意的遗漏，出版商乐意在适当的时候予以补正。

第一章　社会学：议题与问题

社会学是一门毁誉参半的学问。一方面，许多人把它看作是一种煽动反抗和激起反叛的力量。尽管他们并不清楚社会学到底研究的是一些什么样的议题，但他们总是把社会学与颠覆性联系在一起，把它与激进学生的尖锐主张联系在一起。另一方面，那些在大学或学院中对社会学有着某些直接接触的人，则对社会学持一种截然不同的看法——这是一种比前者更加普遍的看法。他们认为，社会学实际上不过是一门枯燥无益的学问，与其说它能刺激学生走向街垒，不如说它以其陈词滥调使学生无聊到了极点。在这种学院格局下，社会学尽管呈现一副科学的外观，但它并没有像自然科学那样的启蒙效果——一种其从业人员能够以它为目标的效果。

我认为，那些对社会学持第二种看法的人具有相当的理由来抱持这样一种观点。因为社会学的许多支持者们——甚至是他们当中的大部分——喜欢玩弄一套虚假的科学语言来包装其陈词滥调。那种认为社会学从属于自然科学，从而应当一成不变地套用后者的程序和目标的观念是错误的。因此，从某种程度上说，社会学的一般批评者对它所提出的成果抱怀疑态度是相当正确的。

在本书中，我的观点比较接近于第一种看法，而不是第二种。但是，这并不意味着社会学必须对大多数人所秉持的良善行为进行猛烈的非理性攻击。尽管我的确主张，社会学必须被看作是具有颠覆的品质。我要说明的是，这种颠覆或批判的品质，并不表示社会学在知识上是一种声名狼藉的事业（它也不应当如此），相反，它之所以具有这种品质，是由于它所处理的是一些跟我们每一个人都切身相关的问题，这些问题是社会中重大冲突和争论的对象。不论激进学生或任何其他激进分子是循规蹈矩，还是激越狂暴，在刺激他们行动的动力与他们对社会学的意识之间，的确存在着相当广泛的联系。这并不是说社会学家在直接倡导革命，在我看来，这是一种相当罕见的情形，正确的理解应当是，社会学研究必然要揭露当今世界所必须面对的基本社会问题。事实上，每个人对这些问题都具有一定程度的认识，只不过社会学研究可以将他们带入更深层次的核心。社会学不能只是一种纯粹的学术研究，如果"学术"指的是在大学封闭的围墙内所出现的一种漠不关心和冷眼旁观的态度的话。

社会学并不是一个包装得整整齐齐的礼包，只消拆开它就可以看清它的内容，除此之外，不再有其他的要求。像所有其他社会科学——它包括许多其他学科，如人类学、经济学和历史学——一样，社会学也内在地充满了争议。也就是说，各种关于社会学性质的争论已成为社会学的一大特色。这并不是社会学的缺陷，尽管对那些自称为专业"社会学家"的人来说，或者对那些被无数对抗性观念（有关各种社会学问题应当通过何种途径才能得到分析）所困扰的门外汉来说，情况的确如此。社会学的争论永无休止，对于应当如何来解决这些争论通常也缺乏共识，对那些被这种情况所困惑的人来说，他们认为，这是社会学尚不成熟的表征。他们希望社会学像自然科学那样，形成一组可以予以证实的普遍性规则。但是，根据我在本书中将要阐述的观点，这种认为社会学应当一成不变地模仿自然科学，或者把它看作是一门有关社会的自然科学的观点，是完全错误的。必须强调的是，我说这些并不含有自然科学的方法和目标与对人类社会行为的研究完全不相关的意思。社会学研究的是可以实际观察得到的题材，它依赖于经验研究，并尝试提出理论和一般框架以解释这些事实。但是，人类不同于自然界的物质材料，从某些极为重要的方面来说，对自身行为的研究必然完全不同于对自然现象的研究。

社会学产生的背景

要理解社会学的发展及其当前的关怀，就必须首先了解那些创造了现代世界的各种变迁。我们生活在一个巨大社会转型的时代。在过去两个世纪里，这个世界发生了一系列剧烈的社会变迁，迄今为止，这些变迁的脚步并未减弱，反而得到了增强。这些变化最初发生在西欧，现今已影响了整个世界，它们几乎完全瓦解了历史上经历了数千年的各种形态的社会组织。从有些人所描述的发生于 18 和 19 世纪的"两次大革命"中，我们可以发现变化的焦点。第一次是发生于 1789 年的法国大革命，它既是一组特定的事件，也是进入我们时代的政治转型的标志。1789 年革命迥异于此前时代的各种反抗形式，例如，在这以前，农民有时也会起来反抗他们的封建领主，但他们通常都只是旨在把特定个人从权力宝座上推翻，或者为了降低物价和减免税收。但是，法国大革命（从某种程度上说，我们也可以有所保留地把 1776 年北美反抗殖民压迫的革命包括进去）是人类历史上首次出现的由纯粹人间理想所指引的运动，这种理想就是自由和平等。它彻底瓦解了既有的社会秩序。虽然到现在，革命分子所标榜的理想仍未完全实现，但他们创造了政治变革的氛围，为当代历史发展提供了动力。在当今世界，很少有哪个国家的统治者不宣称自己所实行的是"民主政治"，无论他们实际的情况是否如此。这是人类历史上的一个崭新局面。的确，历史上也存在过类似的共和政体，尤其在古希腊和古罗马。但是，这些政体本身就是极为少见的现象，更何况在这些社会中，那些可以被称作"公民"的人仅仅是人口中的极少数，大多数人仍然是奴隶或其他阶级，他们不享有上等 5 公民群体所享有的特权。

第二次革命是所谓的"工业革命"，它通常可以追溯到 18 世纪的英国，并在 19 世纪扩展到整个西欧和美国。工业革命有时仅指一系列技术创新：尤其指利用蒸汽动力进行生产，以及在这些动力的推动下所引入的一系列新型机器。但是，这些技术发明仅仅是更广泛的社会、经济变迁的一部分。最重要的是，它使劳动力从土地转移到了不断扩张的工业领域，这种转移过程最终又导致了农业生产的普遍机械化。同时，劳动力的转移还导致了城市以历史上前所未有的规模向前发展。据统计，在 19 世纪以前，即使在最为城市化的社会，也只有占总人口约 10% 的人生活在市镇或城市——在大部分农业国家和帝国，这一比例通常还要更低。以现代的标准来看，前工业社会的所有城市，甚至是世界上最著名的大都会，都只是相对较小的城市。例如，14 世纪时期，伦敦的人口约有 3 万，在这一时期，佛罗伦萨的人口则是 9 万。到 19 世纪初，伦敦的人口已经超过了历史上所有的城市，达到了 90 万之多，然而，在 1800 年，即使包括这些大都市在内，居住在城市中的人也只是英格兰和威尔士总人口中的一小部分。一个世纪以后，在有些地方，有40％的人居住在人口超过10万的城市，有将近60％的人生活在人口超过2万的城市。

表1.1表明，城市化曾经以一种世界性的规模急速扩张，而且这种扩张还在继续。无论人们如何使用"城镇"或"城市"来区别于较小规模的人口聚集，所有工业化国家都显得高度城市化。在大部分第三世界国家，同样存在着剧烈扩展的城市区域。较之于19世纪以前社会的城市，当今世界的最大城市区域的确极其庞大。

表1.1　世界城市人口的百分比

	2万人口以上的城市	10万人口以上的城市
1800	2.4	1.7
1850	4.3	2.3
1900	9.2	5.5
1950	20.9	13.1
1970	31.2	16.7
1982	34.6	18.1

资料来源：金斯利·戴维斯（Kingsley Davis）：《世界城市化的起源与增长》，载《美国社会学杂志》第61期，1955年（最新资料）。

如果说工业化和城市化是促使大部分传统社会日趋瓦解的核心力量的话，那么，我们还有必要提及随之而来的第三种现象，即与不久以前相比，当今世界人口的迅速增长。据估计，在基督诞生之年，全世界的人口可能不到 3 亿。18 世纪以前，世界人口虽稳步增长，但速度极其缓慢，在这一期间，世界人口大概仅增长一倍。自这以后，出现了每个人都耳熟能详的"人口爆炸"，尽管他们可能并不知道其详细情况。今天，世界人口已经接近 48 亿之多，如果照这样的增长速度下去，将每 40 年就增长一倍。尽管人口增长对人类未来所造成的影响是令人担心的，而且也引起了相当大的争论，但近代人口增长的起源及其背后的因素问题，不像工业化和城市化的动因问题存在那么大的争议。在人类历史的大部分时间里，出生率和死亡率一直维持着大致的平衡。虽然就某些方面而言，这是一个复杂的问题，但其中仍然存在着两个支配其他因素的现象：一是在过去两个世纪以前，人类的平均寿命很少超过 35 周岁，甚至更少；二是儿童的死亡率（大大降低），在中世纪欧洲及其他地方，将近有一半儿童夭折于成年之前。平均寿命上升和儿童死亡率迅速下降——由于卫生、保健状况的普遍改善以及人类征服某些重大传染疾病的结果——揭开了人口惊人增长的大幕。

社会学：定义及初步考察

在欧洲，"两次大革命"带来了一系列变迁，当人们试图理解这些变迁的条件及其可能的结果时，社会学诞生了。当然，没有哪一个领域的研究可以精确标示社会学的起源，但是，从 18 世纪中期的著作家到晚近的社会思想中，我们仍然可以轻易溯源出社会学直接传承的轨迹。事实上，从某些方面而言，社会学形成的思想背景同时也促进了两次大革命的兴起。

应当如何来定义"社会学"呢？让我以浅白的说明来开场。社会学研究的是人类社会。这里，社会只能以一种非常广义的方式加以界定。在这一范畴之下，社会不仅涵盖了工业化国家，而且还包括大型农业帝国（如罗马帝国和传统中国等），从规模角度的另一端来看，它也包括了仅由少数个人组成的小型部落共同体。

一个社会就是一套制度化（institutionalised）行为模式的集结（cluster）或体系。①所谓社会行为的"制度化"模式，指的是跨越长久时空范围而一再发生——或者用现代社会理论的术语来说，就是社会性再生产——的信念和行为模式。既然语言对于社会生活来说具有如此根本的地位，它也

---

① 所谓"制度化行为"，指人们在社会实践中反复再生产出来的规则与资源。在英语中，Institution 同时含有"制度"和"机构"两种涵义。按照吉登斯的用法，前者指跨越广泛时空范围的例行化行为和规则，而在本段结尾，当谈到监狱或医院时，则指某种组织形式，故译为"机构"。有关"制度"的详细解释，可参阅安东尼·吉登斯：《社会的构成》，李康、李猛译，北京：三联书店，1998 年。——译者

就构成了这种制度化活动模式或者说制度的恰切例证。我们每一个人都使用某种语言，而且以一种创造性的方式使用，但作为个体，并没有谁创造了语言。当然，社会生活的其他方面也可以是制度化的：也就是说，它们是一种普遍性的实践，世世代代都以一种类似的方式延续下来。也正因为如此，我们才有所谓的经济制度、政治制度，等等。必须指出的是，"institution"概念的这种用法不同于它在日常用语中的涵义，即作为"团体"或"群体"的不严格意义的同义 9 词——比如，当谈到监狱或医院时，我们也可以说它是一种institution。

这些讨论有助于帮助我们应当如何来理解"社会"，但我们不应当就此止步。众所周知，社会学和其他社会科学都把社会作为共同的研究对象。社会学的显著特征在于它集中关注的是"两次大革命"以来所出现的各种社会形式。它们既包括那些工业先进—经济发达的西方、日本和东欧国家，也包括20世纪遍布世界各地的其他社会。因为在现代，没有哪种社会秩序不受"两次大革命"所迸发出来的力量的冲击。我想要重点强调的是，"先进社会"并不能被看作是孤立于世界其他地方的社会，或者把它们与其此前的社会形式割裂开来——尽管大量社会学著作的确是以这种态度进行写作的。

根据上述论点，我们可以对社会学做如下定义：社会学是一门社会科学，它重点研究的是过去两三个世纪工业转型所形成的社会制度。有必要重点强调的是，社会学与社会科学的其他知识活动领域之间并不存在明确的分野，而且这种分野也没有存在的必要。社会理论的某些问题，诸如如何将人类行为和制度概念化的问题，是所有社会科学共同研究的课题。至于不同社会科学研究的是人类行为的不同"领域"，因此形成了一种知识分工，这类说法只有在非常宽泛的意义上才有效。例如，顾名思义，人类学研究的是相对简单的社会，如部落社会、酋长社会、农业国家等。但是，这些社会要不就被席卷全球的深刻社会变迁所瓦解，要不就被现代工业国家所整合。再譬如，经济学首要关注的是物质产品的生产和分配，但非常明显，经济制度总是与社会体系的其他制度关联在一起，或者对它们造成影响，或者为它们所影响。至于历史学，作为研究过去与现在之间连续过程的学问，它却是所有社会科学研究的题材之源。

许多关心社会学发展的杰出思想家们，都为自己目睹的科学技术在时代变迁过程中的重要作用而印象深刻。因此，在设定社会学的目标时，为了研究人类社会现象，他们也试图仿效自然科学在解释物质世界时的成功。生活在1798—1857年之间的奥古斯特·孔德（Auguste Comte），这位曾经铸造了"社会学"词汇的杰出思想家，就曾以一种最为详细而明白的方式提出了这种观点：社会学应当是一门研究"社会的自然科学"。他认为，包括社会学在内的所有科学，都分享了共同的逻辑和方法框架，都旨在揭示支配特定现象的普遍法则。他相信，如果我们找到了支配人类社会的法则，我们就能够支配自己的命运，就如我们能够运用科学来支配自然界中的事物那样。他的格言：预测就是为了控制（Prévoir pour pouvoir），正是这种观点的写照。

自孔德以来，认为应当以自然科学的方式来形构社会学的看法一直处于支配地位，当然，它并非完全没有受到挑战，而且也存在着以不同方式进行表达的现象。埃米尔·涂尔干（Emile Durkheim 1858—1917），这位 20 世纪社会学发展中最具影响的人物之一，延续了孔德所强调的某些方面。他宣称，社会学关注的是"社会事实"（social facts），这种事实就像自然科学中的事实那样，可以通过客观的方法得到证实。在《社会学方法的准则》①这一简洁而极具影响的著作中，涂尔干主张，社会现象应当作为事物（things）来处理：我们应当把我们自身看作是自然世界中的客体。他

① *The Rules of Sociological Method*，涂尔干的重要著作之一，中译本曾由商务印书馆出版，狄玉明译，1995 年。在反思结构主义、功能主义和解释社会学等社会学研究方法的基础上，吉登斯于 1977 年出版了《社会学方法的新准则》（*New Rules of Sociological Method*，London：Hutchinson），强调了社会学与自然科学之间的差异，提出了社会学研究方法的基本框架。该书中译本名为《社会学方法的新规则》，田佑中、刘江涛译，社会科学文献出版社，2003 年。——译者

从而重申了社会学与自然科学之间的相似性。

正如我前面所说过的那样，这种观点尽管在社会学中极其普遍，但却是我所反对的。把社会学以及其他如人类学、经济学等学科称作"社会科学"，就是要强调它们所系统研究的是经验事实。只有在两个方面将社会学和其他社会科学与自然科学区分开来，这一术语才不至于产生混淆。

（1）我们无法像了解自然世界中的客体或事物那样来了解社会或"社会事实"，因为社会仅仅存在于人类自身的创造和再创造行为中。在社会理论中，我们不能把人类活动看作是由因果关系所决定的事物，就像自然事物那样。只有从我所说的个体与制度之间的双重介入（double involvement）① 的角度，我们才能把握它们，也就是说，我们在创造社会的同时，社会也创造了我们。我已经说过，制度是跨越时空而反复再生产出来的社会活动模式。这里，探讨一下这一概念牵涉了一些什么内容是有意义的。社会行为或社会系统的"再生产"指的是不同时空条件下行动者类似活动模式的一再重复。强调这点的确极为重要，因为大部分社会理论——包括涂尔干的理论在内——都普遍抱持这样

---

① "双重介入"是吉登斯"结构化理论"的基础，在双重介入的基础上，他提出结构二重性的基本思想，即在社会结构与社会实践的关系问题上，前者是后者的中介，也是它的结果。有关"双重介入"的基本思想，参阅安东尼·吉登斯：《社会的构成》，李康、李猛译，北京：三联书店，1998 年。——译者

一种想法，那就是我们应当从物质意象（physical imagery）的角度进行思考。这是一种具有负面后果的想法，因为社会系统包含了存在于个体和群体之间的关系模式。许多社会学家却把这些关系模式描绘成建筑物的墙垣或者身体的骨骼，这是使人误导的。因为它把社会的本来意象描绘得过于静态和僵化，也就是说，它没有表明，只有在个体主动从一个时空到另一个时空一再重复特定行为模式的条件下，社会系统的模式化才能够存在。如果我们从这种意象进行思考，那就成了：社会系统像一座建筑物，但时时刻刻被用来建筑它的每一块墙砖所重构。

（2）与上一点相连，社会学的实践意涵也不能直接等同于科学的技术用途。原子不可能懂得科学家对它所做的解释，也不会根据科学家的知识改变自身的行为。但是，人类却会这样。因此，社会学与其研究对象之间的关系必然不同于自然科学与其对象的关系。如果我们把社会活动看作是由自然规律所决定的一系列机械事件的组合，我们就既误解了过去，也无法理解社会学分析如何可以影响我们的未来。作为人类，我们不仅仅生活在历史之中，我们对历史的理解本身构成了历史及其未来面貌的内在组成部分。这也正是我们为什么不能同意孔德"预测是为了控制"这种社会技术学观点的原因。在社会科学中，我们所讨论的是其他的人们，而不是僵化的客观世界。因此，当有人指出，那些以前被看作 13

是无可改变和无可怀疑的事物——就像自然规律那样——其实只是历史的产物，而社会学的分析可以在人类社会中扮演解放的角色时，这种说法是非常中肯的。同时，社会学的分析也有助于提高我们的清醒认识，因为知识尽管可能是权力的重要附属品，但它与权力并不完全是一回事。我们有关历史的知识通常是试探性的和不完整的。

社会学的想象力：作为批判的社会学

在本书中我要指出的是，社会学的实践需要唤起 C. 赖特·米尔斯所谓的"社会学的想象力"。[①]这一术语已经被如此频繁地引用，以至存在着被平庸化（trivialised）的危险。实际上，米尔斯本人也是在一种非常含糊的意义上使用该术语的。在我看来，它指的是社会学分析过程中几种联系在一起的不可或缺的感受力。要理解由当今工业社会——指最初形成于西方的当今社会——所由产生的社会世界，就必须借助于三种社会学想象力，它们是历史的感受力、人类学的感受力和批判的感受力。

遗传学上与我们相同的人类，其历史大致有 10 万年之

---

① C. Wright Mills, *The Sociological Imagination*, Harmondworth, Penguin, 1970. 中译本参阅 C. 赖特·米尔斯：《社会学的想象力》，陈强、张永强译，北京：三联书店，2001 年。——译者

久，而从迄今为止我们所知的考古资料来看，以稳定农耕社会为基础的"文明"至多也不会超过 8000 年的历史。但倘若把这 8000 年的历史与工业资本主义兴起以来的短暂近代史相比，它却是浩瀚的时间长河。作为一种普遍的经济生产模式，历史学家对西方资本主义兴起的解释一直见仁见智，但无论如何，都似乎很难于把它追溯到 15 或 16 世纪以前的欧洲。工业资本主义把资本主义企业与机械化生产联系在了一起，它的起源最早也不会早于 18 世纪的晚期，而且即使在那一时期，也只是在英国的部分地方零星出现。在过去一百年里，① 在这一个世纪左右的时间里，工业资本主义以一种世界性的规模扩张开来，而且它所带来的社会变迁的后果比此前整个人类历史的任何时间都更具有破坏性。我们这些西方人所生活的社会，正好首当其冲地受这些变迁的影响。当前这一代所熟悉的是科技创新日新月异的社会，在这一社会中，大部分人口都生活在城镇或城市，工作在工业场所中，而且都是民族国家的公民。然而，这种现在为大家所熟悉的社会世界，这种在极短时间内被迅速和神话般创造出来的社会，在人类历史上却是一种相当独特的现象。

今天，工业社会分析者们所必须进行的第一种社会学想象，就是重新发现我们刚刚经历的过去——"刚刚消逝的世

14

---

① 指 19 世纪，本书写于 1982 年，上一个世纪指 19 世纪。——译者

界"。只有通过这种能够对历史有所认识的想象力，我们才能够理解，今天工业社会的生活方式与此前社会中的人类生活方式有多么大的不同。一些简易的事实就能帮助我们理解这点，就如我在前面提到的城市化事实那样。但是，我们真正需要的是一种具有想象力的重构，把那些现在很大程度上已经被消灭殆尽的社会生活方式的特征（texture）重新展现出来。在这一方面，社会学家的手艺与历史学家的技能之间是不存在明显区别的。18 世纪的英国，这个首先体验到工业革命冲击的社会，仍然是一个被地方风俗所主导的社会，通过普遍的宗教信仰联结在一起。在这一社会中，我们可以看到与 20 世纪英国之间的延续性，但它们之间的差别也是显而易见的。今天看来是司空见惯的组织形式，在当时却停留在初创阶段：这不仅仅表现在工厂和政府机构上，而且表现在学校、学院、医院和监狱等方面，它们都只是在 19 世纪才逐渐流行开来。

从某种意义上说，社会生活特征的这些变化当然是物质条件的改变。就如一位历史学家在描述工业革命时所说的那样：

> 现代工业技术不仅生产得更多、更快，而且它还能生产出以往手工业生产条件下无法生产出来的东西。即使是手艺最精良的印度纺织工，他纺出来的线也不可能

像骡机（mule）纺出来的线那样精细而规则，18 世纪基督教世界的所有铁匠也不可能像现代车床那样，生产出那么巨大、平整和均匀的钢板。最为重要的是，现代技术创造出来的东西，在前工业时代几乎想都没有想到过：照相机、摩托车、飞机以及各种电子设备，从收音机到高效能电脑、核动力工厂，等等，不一而足……由此造成的结果是，它使产出和各种类型的商品、服务得到了极大的提高，单就这一点对人类生活方式所造成的改变，就远远大于自人类懂得使用火以来所造成的改变：1750 年英国人的物质生活比较接近于恺撒军团的水平，而不是自己曾孙辈的水平。①

16

无可否认，普遍而大规模的技术创新是当今工业社会的突出特征之一。与之紧密相连的是传统——它是地方性村落共同体日常生活的基础，甚至是前资本主义时期城市生活的重要组成部分——的衰落。传统把现在装入（encapsulated）了过去，而且意味着一种与当代西方社会所盛行的完全不同的时间体验。一个人一天的时间没有像现在这样划分为"工作时间"和"空闲时间"，而且"工作"不论在时间还是空

① 戴维·兰德斯：《解放了的普罗米修斯》，第 5 页（David S. Landes, *The Unbound Promethus*, Cambridge, Cambridge University Press, 1969）。

间上都没有完全与其他活动分离开来。

我前面已经提到过，两次大革命的交汇点正好是西欧社会转型的源头。第二次革命①是一次政治革命，它关系到民族国家的兴起，就像工业主义的兴起创造了现代世界一样，它是一次意义深远的革命。生活在西方社会的人们，从不怀疑自己是特定国族（nation）的"公民"，而且也无人不注意到国家（中央集权的政府和地方性行政管理）在其生活中所扮演的多样性角色。但是，公民身份权利的发展，尤其是普遍公民权的发展，仅仅是相对晚近的事情。民族主义是一种归属于特定民族共同体的情感，它使本民族与其他民族区别开来。但是，民族主义的兴起同样是相对晚近的事情。普遍公民权和民族主义都是民族国家内部结构的典型特征，但是，作为现代社会根本特征的民族国家之间的关系，同样值得我们投以充分的注意力。

我们今天生活在一个史无前例的世界体系之中。"两次大革命"也支流四溢，以一种世界性规模各自扩张开来。工业资本主义意味着极端复杂的专业化生产和社会分工，② 意

---

① 指发生在 1789 年的法国大革命。——译者

② 从字面意义上看，"the division of labour"应当翻译为"劳动分工"为佳，但中国学者在翻译该词时，通常翻译为"社会分工"，见埃米尔·涂尔干：《社会分工论》，渠东译，北京：三联书店，2000 年，或者安东尼·吉登斯：《资本主义与现代社会理论》，郭忠华、潘华凌译，上海译文出版社，2007 年。本书持后一种译法。——译者

味着交换关系的世界化。就以你身上所穿的衣服、所住的房屋或者你下一餐将要吃到的食物为例，你似乎不太可能亲自缝制、亲自建造或者亲自种植它们。在工业化国家，我们对这样一种情形已经司空见惯了，但是，在工业资本主义到来以前，社会分工的情况却相对没那么复杂。在那一时期，大部分人口都直接满足自己的大部分需要，倘若不能，他们就从地方共同体中换取他们所需要的服务。但在今天，产品的生产和交换都是世界性的，以一种真正全球分工的形式进行。不仅西方国家所消费的许多商品是在世界的另一边生产出来的，而且从某种程度上说，反之亦然，甚至整个复杂的生产过程就是在世界的不同地方分别进行的。例如，一个国家可能生产电视机的某个部件，另一些国家制造其他部件，整机的组装又在另一个地方，最后，销售又完全在另外一个地方。

但是，催生这种新奇而独特的世界体系的并不仅仅是经济关系的扩张，资本主义在四处蔓延的同时，民族国家也成为一种普遍的趋势（我在第七章将对这一点进行更详细的讨论）。然而，从某种重要的意义而言，在民族国家前面加上一个（表示单称涵义的）定冠词"the"是误导性的，因为自其在欧洲起源伊始，一直以来就是民族的诸国家（nation-states），存在于与其他民族的国家进行和解和冲突的关系当中。今天，整个世界已经被分裂为由众多民族国家所组成

的大拼盘。我要再一次指出的是，欧洲民族的兴起，尤其是
它们在世界其他地方的发展，仅仅是一种相对晚近的现象。
因为在人类历史的大部分时间里，人类仅仅稀疏地分布在世
界各地，生活在小规模的社会中，以狩猎和采集为生——即
所谓的"猎集社会"（hunting and gathering society）。与今
天相比，在过去一万年左右的时间里，这个世界的人口仍然
非常稀少，他们或者生活在猎集社会、小型农业社会、城邦
国家，或者生活在大型帝国中。有些帝国的幅员非常辽
阔——其中最典型的就是中国，但在形态上，却与当今民族
国家迥然相异。例如，传统中国的中央政府很少设法去直接
控制其各个省份，尤其是那些较为偏远的省份。当时，中国
统治范围内在大部分属民都过着一种与其统治者完全不同的
生活，无论是在文化还是语言上，他们都与其统治者很少有
共同之处。

　　而且，前面所提到的各种类型的社会之间尽管维系着各
种各样的关系，这些关系显然不可能像今天那样跨越全球的
范围。在 20 世纪以前，"东方是东方，西方是西方，彼此不
挨边"的说法的确道出了当时的真实情况。11 世纪以降，
中国与欧洲之间存在着一些零星的接触，间或还有一些贸
易往来，但在随后的几个世纪里，由于各方面的目的和原
因，中国与欧洲又成为两个彼此不相往来的世界。今天，
不管东西方之间可能存在着多大的文化差异，一切都已发

生了变化。中国已不再是一个帝国了，它变成了一个民族国家，尽管从领土和人口角度来说它仍然是一个巨型国家，当然，它还自称是社会主义国家。民族国家尽管遍布了整个世界，但它们未必然采取西欧建立已久的"自由民主"模式。

19

如果第一种社会学想象力主要涉及历史感受力的发展的话，第二种想象力则是要培育人类学的洞识。谈到这一点，我要再次强调的是，存在于不同社会科学之间的约定俗成的边界是多么的肤浅。培育一种历史感以体验过去两个世纪以来的社会变迁是多么的近代（recent）和剧烈，要做到这一点是困难的。但是，要打破西方世界的生活方式远优于其他文化的生活方式这样一种有意或无意的信念，则或许更加困难。这种信念通过资本主义自身的迅速扩张得到了促进，因为资本主义曾经启动了一系列侵蚀或摧毁它所接触到的大部分其他文化的事件。而且，许多社会思想家还举出了许多具体的形式来支撑这样一种信念，他们把人类历史纳入社会进化论的架构之中，把"进化"看作是不同社会类型支配和掌控其物质环境的能力。西方工业主义无疑处于这一架构的最顶端，因为它所释放出来的物质生产能力远胜于此前的任何其他社会。

但是，这种进化论架构所表达的是一种种族中心主义的意涵，是社会学想象力所要破除的观点。种族中心主义把自己的社会或文化看作是衡量其他社会或文化的标尺，这种态度无疑深深扎根在西方文化之中，当然，在许多其他社会中也同样典型。然而，在西方，这种优越感多少已经成为工业资本主义贪婪吞食其他生活方式的借口和理由。我们不能把西方社会之所以能处于世界优势地位的经济和军事力量当真看作是进化论架构中最高点。当我们与其他文化进行比较时，这种对现代西方斐然的物质生产力的评价本身就是一种反常的态度。

　　人类学维度的社会学想象力之所以重要，在于它使我们能够欣赏到这个世界上存在的多姿多彩的人类生存方式。现代世界的反讽之一在于，正当工业资本主义疯狂扩张、西方军事力量大肆破坏之际，对各种类型的人类文化的系统研究才真正开始形成——如"田野工作人类学"。但是，社会科学自诞生伊始，就带有人类学层面的社会学想象力的特征，以抗衡那种种族中心主义色彩的进化论思想。在让·雅克·卢梭的《论人类不平等的起源和基础》(1755)一书中，我们可以发现一种具有启蒙意义的思想，那就是凭借对各种类型的人类社会的认识，我们可以对自身产生更加深刻的了解。他说道："这个世界到处都散布着我们只知其名的社会，通过对它们的涉猎形成了我们对人类的认识。"他接着说道，想象一下，如果我们能够派遣一队对各种人类经验具有敏锐观察力的勇敢的观察家，以描述那些我们还一无所知的各种类型的社会，那么，"当这些新的赫拉克勒斯（Hercules）① 勇士在结束其回味无穷的探险时，就要让他们从容地把他们的所见所闻写成自然历史、道德历史和政治历史，从他们的笔端，我们就可以看到一个崭新的世界，从而也就认识了我们自己"。

在卢梭著作面世后的一个半世纪里，有许多旅行家、传教士、商人等的确做了许多这方面的工作。但是，他们所记述的东西却通常不可靠或片面，有的甚至还包含了卢梭所要攻击的种族中心主义。直到 20 世纪初期，系统而详尽的人类学田野工作才真正发端。自那以后，在这个遽然收缩的研究领域，人类学家积累起了大量有关各种不同文化的资料。一方面，这些信息证实了人类的统一性，没有任何证据表明，生活在小型"原始"社会的人们在起源上要劣于或不同于那些生活在更为先进"文明"中的人们。在各种已知的人类社会中，没有哪个还没有形成语言结构，同时，在社会类型与语言结构之间似乎也不存在什么相互关联。另一方面，现代人类学研究也强调了可以用来规范人类生活的各种制度。

当代人类学家通常是灾难的记录者，他们所面对的或者是被军事所破坏的文化，或者是与西方接触以后被弊端所腐

---

① Hercules，赫拉克勒斯，希腊、罗马神话中的大力神。——译者

蚀的文化，或者是由于传统的消解而日益式微的文化。正如或许是当代最杰出的人类学家列维·施特劳斯（Claude Lévi-Strauss）所说的那样，人类学家是这些正在消失的群体（peoples）的"门生和见证人"（pupil and witness）。因此，阻止这些群体的权利受到进一步剥夺，或者至少使那些生活方式已经崩溃的群体能够适应新的生活方式，这已成为一项紧迫而又实际的课题。但是，即使存在着这种难题，我们仍然不应当忽视过去半个世纪左右人类学研究所取得的重要成就，只有通过这种研究，我们才能使我们的思维对那些濒于消失的社会生活方式保持鲜活的记忆。

22

将第一种和第二种感受力结合在一起，社会学的想象力使我们能够摆脱那种仅仅从眼前的社会类型出发进行思考的限制。这两种感受力都与我即将提出的第三种社会学想象力存在着直接的联系。这种想象力关注的是未来的各种可能性。在批判把社会学看作是自然科学的观点时，我曾提出，没有哪种社会过程是由无可改变的法则所支配的。作为人类，自然法则的必然性力量是支配不了我们的。这就意味着我们必须意识到各种潜在地呈现在我们面前的未来可能性。第三种社会学想象力把对现存社会形式的批判作为社会学的任务。

批判必须以分析为基础。在接下去的章节里，我将首先检视的是有关工业社会性质的不同观点，它们是一些对抗性的解释。但是，正如我前面强调的那样，如果没有考察西方社会与世界其他地方之间的关系，我们也就无法理解起源于西方社会的各种变迁。因此，接下去我将详细讨论的是当代世界体系形成的意义，在评估人类社会组织的未来可能性方面，这是一种具有根本意义的现象。

第二章 对立的解释：工业社会还是资本主义？

我们应当如何解释"两次大革命"对世界工业化地区的发展所造成的影响？在社会学中，尽管已经提出了许多有关工业社会起源和特征的解释，但在这些不同的解释观点之间，我们也可以发现一条主要的界线，本章我要集中论述的正是这条界线。在前面，我使用了"工业社会"或"工业资本主义"的术语来描述 18 世纪晚期和 19 世纪出现于西欧的社会形态。在本书的其余部分，我将继续援用这些术语，但是，在这里，我有必要阐明一下存在于这些术语之间的差别，它们对于我将要讨论到的问题或将要提出的议题具有重要的意义。

我将要把我所说的工业社会理论与资本主义社会理论区别开来。这两个术语并不是单纯的标签，而是代表了社会思想家在理解现代世界变迁的本质时形成的两种对立途径。 "工业社会"术语是 19 世纪初期由圣西门（Comte Henri de

Saint-Simon）在其作品中提出的，他同时还提出了一些后来被其他研究者所采用的普遍性理论准则。这些后来的研究者包括了涂尔干，这位对社会学的影响绝不仅仅体现在方法论上的思想家。涂尔干实际上并没有标榜"工业社会"这一术语，但他所做的一系列论述实际代表了我所说的这种立场。在20世纪五六十年代，工业社会理论在欧洲和美国的许多著名学者手中获得了新的发展动力。的确，在那一时期，它已成为一种正统理论。

资本主义社会的观点首先是与卡尔·马克思联系在一起的，尽管马克思的主要观点也出自此前社会理论、哲学和经济学各种思想流派。马克思大部分重要著作完成于1840至1870年间，在他的有生之年（1818—1883），这些著作仅为数量相当有限的同事和追随者所熟知。但是，随着马克思主义政治运动和劳工运动在19世纪末期的几十年变得更加普遍和坚强有力，马克思的思想也成为许多讨论和争论的主题——迄今为止，依然如故。然而，自马克思以来，马克思思想也处于不断发展之中。今天，马克思主义已成为一个存在着内在分歧的思想体系，在这本篇幅有限的小书里，我只想从这些汗牛充栋的文献中挑出少数重要论点加以讨论。在这里，我或许已经提出了一种先入之见。我想说的是，马克思的著作对社会学具有持续的影响，它们是对工业社会理论的某些假设进行批判的主要基础。同时，在马克思的著作 25

中，也存在着挥之难去的明显弱点。

工业社会理论

在介绍工业社会理论并将它与源自马克思或由马克思所提出的观点进行比较之前，我必须做一些限制性说明：我所要进行的对比，我所要遵循的讨论线索，绝没有穷尽社会学思想的所有范畴。如果说马克思主义包含了各种不同的途径（approach）的话，各种非马克思主义社会思想中的差异甚至更大。因此，不可避免地，我们必须把通常比较复杂的问题进行某种程度的简化，我也不可避免地要忽略某些问题和观点，它们或许在一些篇幅较大的书本中值得做更多的讨论。

因此，我采取设定情境（set the scene）的方式对这两种理论加以比较。本书并不是一本"马克思主义"著作，它赞同马克思的某些观点并不意味着它接受他的全部观点，或者接受任何自称是马克思继承人的观点。但是，这也不表明我在赞同工业社会理论，并反对马克思。从这两种立场中，我们都可以学到一些有用的东西，但每一种也都存在其不足，我们不但必须加以辨认，而且必须予以改善。你可能经常发现一些作者宣称，"马克思主义"与所谓的"资产阶级社会学"（bourgeois sociology）彼此不相容，因此你必须以另一方为代价而选择其中之一。但是，这并不代表我的观点。

正如我说过的那样，"工业社会"的观念可以追溯到圣西门那里。在我看来，圣西门的思想与那些更为晚近的思想家之间存在着明显的连贯性。但是，我并没有说"工业社会理论"指的是任何特定思想家流派所共享的一套主张，相反，我指的是一系列大体上能够聚集在一起的概念和解释。每一位作者都强调某些方面而牺牲其他方面，而且以不同程度的论证和完善性来表达自己的见解（库玛的《预言与进步》^① 一书有助于我们了解这些观点）。

那些我认为可以归属于工业社会理论的思想家，至少曾经提出了以下的部分观点。

（1）当代世界最重大的变迁在于从主要以农业为基础的"传统社会"向以机械化生产和商品交换为基础的"工业社会"过渡。许多作者已经用不同的标签来标示这两种类型的社会，并以不同的方式刻画了它们的特征。而且他们还指出，在不同的国家，"传统"与"现代"可以以不同的方式结合在一起。

（2）从传统社会向工业社会过渡代表了历史上的进步运动。当然，没有人会否认工业社会也存在着冲突和张力，

---

① 库玛：《预言与进步》（Krishan Kumar, *Prophecy and Progress*, London, Allen Lane, 1978）。

但在他们看来，工业社会的良性特征能够抵消这些缺陷，这些良性特征不但创造了物质繁荣，而且消除了传统的约束。在工业社会中，僵化的社会差别——如贵族与"平民"之间的差别——得到了消除，从而形成了一个机会日趋平等的社会。

27

（3）对于 19 世纪和 20 世纪早期发生在西欧的阶级冲突，工业社会理论认为，这是从传统农业秩序向工业社会转变过程中形成的张力的结果。对于这一方面，经常被提起的最有影响的观念就是"阶级冲突的制度化"。在工业社会最初形成的阶段，阶级划分是明显的，阶级关系是重大张力的焦点。但是，随着彼此能够接受的工业谈判模式得到建立，以及"政治公民身份权利"——投票和组建政党的权利——扩展到大多数人口，这些紧张关系很大程度上被化解了（有关这些方面的有影响的分析，可参阅西摩·马丁·李普塞特的《政治人》[1]，迄今为止，它还是一部相当具有启发意义的作品）。

（4）从传统向现代过渡的一个基本环节就是自由民主国家的兴起。自由民主制度是一种常见于西欧和美国的政治制度，盛行议会制政府，由两个或两个以上政党通过选举的方式获取议席。许多作者认为，这种国家是工业社会扩张的

---

[1] 李普塞特：《政治人》（Seymour Martin Lipset, *Political Man*, New York, Doubleday, 1960）。

自然产物。但是，另外一些作者则更敏锐地把握了它的特殊本质，对这种观点进行了批判，认为现代国家在社会变迁过程中能够自主扮演基本的角色。[①]

（5）工业社会理论的支持者假定或认为，工业秩序一旦出现，就存在其基本的一致性。这种观点有时得到了最为直率的表达，其中最著名的要数克尔（Kerr）和他的同事。[②]根据克尔的"趋同论"（convergence theory），存在着一种他所谓的"工业主义的逻辑"，它能使工业社会的其他制度越来越趋于一致，不管它们最初存在着多大的差异。工业化程度越高的社会，它们之间相似性也就越多，由于传统的遗迹已经被消除殆尽。克尔把他的注意力主要集中在了美国和苏联上，他认为，尽管两个国家的政治制度存在差异，但它们已经越来越踏上了相同的发展道路。这种看法现在依旧赢得了一些支持者。当然，它也遭到了如本迪克斯（Bendix）这一类人的强烈批判，他们强调，在当代社会，传统与现代的融合存在着各种不同的方式。

但是，这些批判者仍然经常认为，尽管可以发现工业社会或"现代"社会之间存在某些差异，但它们也有其总体相

① 参阅本迪克斯：《民族建构与公民身份》（Reinhard Bendix, *Nation-Building and Citizenship*, New York, Wiley, 1964）。

② 克尔等：《工业主义与工业人》（Clark Kerr *et al.*, *Industrialism and Industrial Man*, Harmondsworth, Penguin, 1973）。

似性。而且他们还认为，这种总体相似性是工业社会的必要品质，可以防止工业社会发生过于剧烈的转型。如克尔和其他一些人所表明的那样，这些观点并不含有技术决定论的色彩。例如，许多作者从马克斯·韦伯（1864—1920）的著作中吸收灵感，认为大型组织（large-scale organization）是当代社会的必然特征，具有某种普遍的色彩。一如马克斯·韦伯，他们不仅直接批判马克思主义，而且也批判更广义的社会主义所标榜的理想。在本章的后半部分，我将解释他们之所以采取这种立场的原因，因为他们对于社会思想具有不容忽视的重要性（同样可参阅本书第四章第三节）。

29　　（6）从世界上未实现工业化的社会而言，工业社会的观念通常与所谓的"现代化理论"密切相关。现代化的观点也非常容易与我前面提到的其他假设和论点相契合。现代化理论的核心论点在于，"不发达社会"深陷于传统制度之中，如果它们想要获得西方社会的经济繁荣的话，它们就必须从传统制度中解放出来。目前，这种论点已经在各种不同程度的复杂论证下重新得到建构。有时，"现代化"被简化为"西方化"的同义词，任何人只要认定所有工业社会的本质都是相同的，他也就很容易作这样一种简化。然而，许多作者认为，"工业社会"包含了最初起源于西方文化的制度，其他社会在迈向工业化的过程中，将会形成某些与西方社会不同的道路。同时，他们还认为，除非采纳已经存在于工业社会中的某些行为模式，否则"不发达"将无法得到超越。由这种观点所引起的问题，我将在第七章中予以论述。

迄今为止，我的论述仅仅停留在一个非常抽象的层面，这样做有助于我在进一步讨论时把问题说得更具体。达到这一目的的一个有效方法就是，首先勾画一个工业社会理论的个案，然后把它与马克思主义的阐释进行对比。一个最具影响而又符合这一条件的案例就是拉尔夫·达伦多夫（Ralf Dahrendorf）在《工业社会中的阶级与阶级冲突》[①] 一书中所作的论述。尽管该书从最初出版到现在已经有些年头了，而且作者后来也修正了自己在该书中提出的一些观点，但它仍然包含了许多广泛流行的观点。而且，该书的写作也明显是为了对马克思进行批判性检视，因此，有助于与马克思主义所明确表达的观点进行对比。

达伦多夫的论述以对"工业社会"和"资本主义社会"的相对有用性的直接比较作为开端。马克思使用的是后者，达伦多夫则认为，前者才是理解西方社会的一个比较包容性的概念。他宣称："工业生产并不是历史上的一个匆匆过客，而是可能以这种或那种形式永远跟随我们。"[②] 达伦多

30

---

① 达伦多夫：《工业社会中的阶级与阶级冲突》（Ralf Dahrendorf，*Class and Class Conflict in Industrial Society*，Stanford，Stanford University Press，1959)，德文版最初出版于 1957 年。

② 同上书，第 40 页。

夫所使用的"工业化"概念表示的是工厂或企业中商品生产机械化的涵义,而工业社会则表示在该社会中,工业主义已成为经济组织的主要形式。

达伦多夫毫不迟疑地告诉我们,工业化是影响当代社会发展的主要现象。他说道,资本主义仅仅是工业社会的一种组织形式——一种仅仅局限于19世纪和20世纪早期的西欧社会的过渡形式。在他看来,资本主义社会是一种工业生产主要掌握在私人手中的社会:在这一社会中,工业资本家既是一个或多个工厂的所有者,同时也是管理工人的直接权威。但是,这种所有权与管理权重叠在一起的现象仅仅是一种短暂的现象。自马克思时代以来,随着工业规模的不断扩大,资本所有权不再赋予对企业权威体系的控制权了。[1]今天,控制工业生产的是一些职业经理,这在大企业中尤其如此,这种大企业已越来越成为经济的主流形式。马克思(我随后将会论述到)把资本的私人所有权看作是资本主义的首要特征。对于这一点,达伦多夫认为,马克思是完全错误的。与工业主义比较,资本主义的确是"人类历史中的匆匆过客"。资本主义社会不过是工业社会的一种次要形式,不过是工业社会发展的一个阶段。

----

① 有关这一观点的经典论述,可参阅贝勒和米恩斯:《现代企业与私有财产》(A. A. Berle and G. C. Means, *The Modern Corporation and Private Property*, New York, Collier-Macmillan, 1968),该书最初出版于1932年。

从某种意义上说，达伦多夫与马克思在这里有其共同点。他们都认为，资本主义是一种注定要为另一种社会所取代的社会类型。但是，他们解释这种取代过程的方式却大相径庭。根据达伦多夫的观点，资本主义仅仅是工业社会的早期形式，后者才是无可避免地将要主导我们时代的社会。资本主义消失后，必然经历一个相对和缓的过程，这一过程将主要为由工业化发展所构成的经济变迁所主导。另一方面，对于马克思来说，只有通过一种革命性的变化过程才能实现对资本主义的超越，这一过程将产生一种完全不同的社会：社会主义社会。而且，马克思还相信，阶级冲突在这一转变过程中扮演了重要的角色。达伦多夫则与许多其他工业社会理论家一样，认为阶级之间的斗争仅仅是近代历史上一种具有某些重要意义的现象。在阶级斗争问题上，达伦多夫的观点是复杂的，我这里不想对它们妄加概括，因为它们还包含了对"阶级"概念进行重新界定的企图，对于他的界定，即使是那些立场与他相近的作者也未必赞同他的说法。然而，从与马克思进行比较的角度而言，达伦多夫把马克思意义上的阶级冲突——与私有财产联系在一起——转移到了19世纪这一相对短暂的时期。阶级冲突意味着工业社会发展早期所遭遇的严重的社会张力，由于这一社会新形成的各种制度还没有充分发展。同时，达伦多夫对我前面提到的第三点和第四点也特别重视，他认为：自由民主国家的出现，各种工业

32

仲裁形式的建立，包括法律上对罢工权利的正式承认，使工业领域的冲突得到了调节和控制。前者使政治领域中代表各种不同阶级利益的政党的正式组建成为可能，后者则使工业领域中的不同利益得到了类似的承认。由此形成的结果是，卸除了阶级冲突这颗定时炸弹的引信，并使19世纪相对激烈的阶级斗争让位于和平的政治竞争和工业谈判。

在达伦多夫的分析中，工业社会是一种分化的社会：在这种社会中，存在着错综复杂的冲突和联盟关系。他所展现的总体上是一幅乐观的图景，这些冲突在前面描述的政治和经济制度秩序中能够得到很好的处理。另外，工业社会一个特别重要的伴生现象就是：社会流动性的增长可以带来机会平等的扩大。按照达伦多夫对工业社会的描绘，从工业社会内部的不同群体之间仍然存在着财富和权力上的实质性差异来说，工业社会并不是一种平等的社会。但是，这些差异可能带来的破坏性影响，却因社会中的每一个人都具有越来越多的随社会层级上升的可能性而抵消。教育在这方面扮演了重要的角色。根据达伦多夫的观点，在工业社会中，个体在教育体系的成功或失败将成为影响其社会地位的主要因素。教育使社会流动更趋自由，而这一趋势又成为工业社会稳定成长的关键。用达伦多夫的话来说就是："社会流动性成为工业社会结构的根本要素之一，如果流动过程受到严重阻碍的话，我们便可以预测工业社会的'解体'。"①

在这一点上，达伦多夫的观点与半个世纪以前涂尔干所写下的观点非常接近。涂尔干在其所谓的"内在不平等"和"外在不平等"之间进行了区分：内在不平等是个体由于能力和气质上的遗传差异而导致的不平等，外在不平等则指从社会中产生的各种不平等。他认为，当代社会的总体发展趋势是，外在不平等将逐渐得到消除。但是，这并不意味着将出现一个普遍平等社会，而是由社会流动所带来的机会平等将日益增加。这一过程可以被解释为，社会正走向越来越依据内在不平等来分配个人财富和权力的社会秩序。个人将找到与其智慧相当的社会地位，而这又依赖于一个善意国家的引导。

马克思：资本主义与社会主义

我前面已指出，马克思的著作激发了各种各样的思想传统，其中有些在当代社会科学讨论中还占据着核心地位。出于简洁的目的，我将要列举一本与达伦多夫的著作一样在社会学中造成重大影响的作品，以此作为与工业社会理论进行比较的基础。此书的观点与达伦多夫相去甚远，因为它是一

---

① 达伦多夫：《工业社会中的阶级与阶级冲突》，第57页。

本公开标榜马克思主义的著作，那就是拉尔夫·密里本德（Ralph Miliband）的《资本主义社会的国家》。[①]密里本德的目标与达伦多夫非常一致，那就是分析过去一个半世纪以来工业化国家所发生的各种变化，同时检视马克思著作在分析这些变化时的意义。然而，当达伦多夫认为马克思的一些基本观点已经不再有效时，密里本德却认为，这些观点本质上是正确的，没有随着时间的消逝而失去其解释的力量。当然，密里本德也认为，自马克思去世以来，世界在社会、经济和政治方面已经发生了深远的变化。但是，这些变化可以帮助我们更深入地认识马克思的观点，而不是彻底改变或放弃它们。

密里本德是以"资本主义社会"进行写作的，而不是"工业社会"。在这样做的时候，他公开表达了对马克思立场的认同。让我们来看看这一立场包含了一些什么内容吧。马克思把资本主义看作是一种经济活动形式，同时，由于他相信，其他制度与这种经济活动形式是紧密联系在一起的，因此，他也把资本主义看作是一种社会类型。马克思的基本观点在于，假定作为经济活动形式的资本主义在工业革命以前就已经出现，并且为工业化的启动提供了刺激因素。根据

---

① Ralf Miliband, *The State in Capitalist Society*, London, Weidenfeld & Nicolson, 1969. 中译本见拉尔夫·密里本德：《资本主义社会的国家》，沈汉、陈祖洲、蔡玲译，商务印书馆，1997年。——译者

马克思的观点，资本主义经济活动包含了两个基本的结构因素。其中之一当然是资本。"资本"不外是那种能够用来投资，进而获取更多有价物品的任何有价物品：它因而包括了货币，这种最具流动性的资本，同时也包括了使生产成为可能的工具，如工作场所、工作器材等，进入工业化阶段以后，它还包括了工厂和机器等。

17 和 18 世纪的欧洲出现了资本的早期积累，并由此造成了巨大的社会和政治转型。根据马克思的观点，如果没有参考构成资本主义活动的第二种因素，就无法理解这种转型的意义。资本积累预先假定了"雇佣劳动力"（wage-labour）的形成，用马克思的话来说，雇佣劳动力指的是那些"被剥夺了生产工具"的工人。在封建社会，大部分人口都是农民，他们以耕种小块土地维持生活。但是，随着资本主义的加速发展，大多数农民在威胁和利诱之下离开了土地，涌入不断扩张的城市区域，成为劳动力后备军（a pool of labour），依靠资本所有者的雇佣维持其生活。对马克思来说，资本主义经济组织因此预先假定了一种建立在资本和雇佣劳动力关系基础上的阶级体系。机械生产的发展和工厂的扩张——换言之，工业化的过程——加速了农村劳动力向以城市为基础的工业劳动阶级的转换。

因此，按照马克思的观点，资本主义社会本质上是一种阶级社会，形成这种社会的各种阶级关系本质上是一种冲突或斗争的关系。从一种重要的意义上说，雇主和工人是彼此依赖的。前者依赖于一支能够参与经济生产的劳动力队伍，后者由于已变得一无所有了，从而依赖于雇主付给他们的工资。但在马克思看来，这种依赖关系是一种相当不平衡的关系。工人很少能够控制他们所从事的工作，而雇主却能够依照自己的目的获取利润。资本主义的阶级关系是一种剥削关系，它促进了各种长期性冲突。马克思相信，阶级冲突并不会仅仅局限在资本主义发展的早期阶段，它将随着时间的延续而变得越来越尖锐。

在马克思理论中，阶级关系直接把资本主义经济组织与资本主义社会的其他制度连接在一起。要理解两次大革命（它们创造了现代世界）的意义，并预测现代世界的未来发展轨迹，这种认识论基础不是考察工业化本身所能形成的，相反，必须对阶级结构进行分析。对马克思来说，资本主义是一种永不休止、不断扩张的体系，资本主义生产越来越处于支配地位，并推动了与工业革命联系在一起的技术革新。按照马克思的观点，出现于1789年的法国大革命以及其他一些"资产阶级"革命，标志着资产阶级政治权力的兴起。对马克思来说，包括议会制政府在内的自由民主政治的出现，与资本主义的扩张所带来的经济变化有着紧密的联系。在封建社会，封建依附或隶属关系是阶级体系的主要基础，大部分人口被公开排斥在参与政府的权利之外。为了获得政治权力，资产阶级开始打破封建特权，政治参与权利向所有人开放，因为每一个人在国家中都被看作是平等的"公民"。

然而，在马克思看来，资本主义国家远远没有实现它所标榜的民主理想。实际上，新兴企业家阶级及其盟友所追求的自由已成为它支配工人阶级的基础。国家并不像工业社会理论所描绘的那样是一种仁慈的自由机构，而是阶级权力的表现形式。从两个层次看它的确如此，而且一个层次比一个层次深刻。在资本主义国家，每个人都被看作是平等的公民，都具有政治参与的权利。然而，在 20 世纪以前的大部分资本主义社会，大多数人根本就没有投票的权利，因为财产资格限制了他们投票的权利，同时，劳动者政党的组建也受到法律的限制，或者根本就为法律所禁止。但是，这些现象并没有成为资本主义国家阶级特征的主要基础，因为"政治"领域所触及的仅仅是个人生活中非常小的部分，还没有延展到日常生活的大部分：工作。在封建社会，地主与农奴、领主与雇工之间存在着一种权利与义务的相互关系，尽管这种关系可能极不平衡，以至于偏袒一方。但是，资本主义劳动契约的明显特征在于，它纯粹是一种经济关系，或者说货币关系。劳动者根本没有被赋予参与制定劳动政策的权利，但这些政策却支配了劳动者工作的性质或工作环境的其他方面。工会的建立是阶级冲突的一个重要方面，在马克思看来，它代表了工人想要某种程度上控制其工作条件的尝试。

这些观点成为密里本德分析当代西方社会的理论背景，他以一种系统的方式向达伦多夫描绘的社会图景提出了挑战。在密里本德看来，尽管存在着大型企业不断成长和国家不断染指经济领域的现象，资本的私人所有权仍然是当代西方社会的首要特征。密里本德说道：

> （资本主义社会）有两个重要的特征：一是它们都是高度工业化的社会，二是其经济活动的大部分工具都为私人所占有和支配。这两个共同特征一方面使它们成为先进的资本主义国家，另一方面也使它们与印度、巴西、尼日利亚等不发达国家区别开来，尽管在这些国家，经济活动的工具也为私人所拥有和控制。同时，这两个特征还使资本主义国家与苏联、捷克斯洛伐克、德意志民主共和国等盛行国家所有制的国家区别开来，尽管这些国家也是高度工业化的国家。换句话说，经济活动的水平与经济组织的模式结合在一起，才真正构成区分的标准。①

大型企业日益提高的重要性，非但没有导致资本主义解

---

① 密里本德：《资本主义社会的国家》，第9页。

体，反而巩固了资本的权力，尽管其形式有别于 19 世纪的企业家资本主义（entrepreneurial capitalism）。密里本德否认所有权与支配权的分离将会导致达伦多夫所说的那种激进后果。首先，这种分离将不会产生通常所说的进步意义，少数股票持有者依然能够控制一个大企业，只要它的其他股份是高度分散的。更为重要的是，资本所有者和经理在维持资本主义的生产框架方面有着相同的经济利益，他们都来自相同的特权背景，从而形成了一个相对统一的支配阶级。

无论从程度还是从对整个社会的影响来看，社会流动性的作用也比达伦多夫所说的要有限得多。密里本德认为，大部分流动都是"小幅度的"（short-range），也就是说，是阶级体系中毗邻地位之间的流动，很少存在"大幅度"的流动，使来自工人阶级背景的人能够上升到精英群体。达伦多夫充分重视的机会平等也只不过是一种假象罢了，倘若情况真的如达伦多夫所说的那样，密里本德指出，流动性在改变阶级划分方面也不会有什么作用。因为即使社会流动性远大于实际的情形，整个阶级体系仍将维持其原来的基本结构。"即使把一种较具'精英'（meritocratic）方式的升迁路径嫁接到现存的经济体系中去，也只能保证许多工人阶级出身的人能够上升到现存阶级体系的上层。这种结果或许是怡人心意的，但它不会把现存的阶级体系变成另一种不同的体系。"①

对于普遍公民权的获得和工业仲裁程序的建立所产生的结果，密里本德的分析也与达伦多夫形成了类似的对比。后者把它们看作是工业化进展的直接结果，同时还得到了善意国家（benevolent state）的健全和发展。但在密里本德看来，它们只有在阶级斗争中，而且也只有通过阶级斗争才能实现，并且它们仍然是阶级斗争的核心。统治阶级很少轻易让渡公民权和工业仲裁的权利。今天，定时炸弹的引信是否真正被成功拆除了呢？在这一点上，密里本德与达伦多夫尽管在起点上存在差异，但两者依然有某种程度的共同看法。因为密里本德认为，马克思所设想的图景至今还远未实现，在东欧，有些社会的官方正统声称要把马克思的学说落实到现实中去。因此，苏联、东欧国家、中国以及世界上许多其他国家，都自称坚持以马克思主义原则治理国家。

前面所引用的密里本德的段落表明，他承认这些社会在结构上不同于西方社会，因为它们的经济实际上是由国家控制的，而不是私人资本。但是，他并不认为这样就形成了马克思所预想的社会主义，它至多是一种残缺的或扭曲的社会主义面貌。

___

① 密里本德：《资本主义社会的国家》，第41页。

按照密里本德的看法，在西方，随着资本主义早期的恶劣经济条件得到显著改善，在某些程度上，工人阶级所带来的挑战也得到了缓和。在经济层面上，阶级冲突明显受到了来自商业领域和国家的强大压力，以使所谓的"工业关系"免于走上政治对抗的轨道。工会的成功在于它把劳动者动员起来，使之成为"有组织的劳动者"，但这项成就也使它停留在现存的秩序内进行选举。对于那些规模巨大、组织官僚化并具有专职行政人员的工会来说，它们将越来越疏离于它所要代表的车间工人。

密里本德补充道，相应的政治发展是由许多不同的因素造成的。自马克思时代以来，在几乎所有发达的资本主义国家，社会主义政党或工人党都不同程度地进入了权力结构，但是，美国却是一种显著而又最常受到讨论的例外——在美国，当然，总体上可以把民主党看作是代表了劳动者的利益。在这些政党中，没有一个成功地领导过社会主义革命，这是为什么呢？其中一些原因涉及这些政党的生存环境，在这种环境下，它们必须设法在政府中赢得比较有影响力的立足点。为了达到这一目的，社会主义政党通常必须与作为其竞争对手的保守政党建立起联盟，在这种联盟中，后者往往占据了数量上的优势，由此导致的结果是，它巩固而不是瓦解了现存秩序。在社会主义政党作为多数党而上台执政的国家，也存在着其他一些限制其影响力的因素。为了赢得选举

41

的广泛胜利，它们通常必须淡化其社会变革的方案。一旦上台执政，它们的实际政策也不会像选举运动时所标榜的那么激进，因为既得利益阶层出于其既有的地位和特权所受到的威胁，将会提出强烈的抗议。对于这一点，马克思主义者各有不同的看法，但密里本德倾向于认为，"议会制社会主义"（parliamentary socialism）本身不可能奏效，只有借助于议会之外的额外运动，彻底的社会变革才有可能实现。

马克思曾深信，在 19 世纪晚期的发达资本主义国家，社会主义革命将一触即发。但是，情况并没有如此。密里本德想从马克思本人的著作中找到答案。他认为，由于受流行意识形态的影响，西方社会主义政党出现了广泛的改良主义倾向。在马克思看来，控制了生产工具和政治机器的阶级同时也就控制了这个社会的信仰和象征。在资本主义社会，存在着密里本德所谓的"同意工程学"（engineering of consent），它可以在人口中培育起对现状的顺从态度。同时，部分制度也参与了营造有利于资本主义延续的意识形态气候，这尤其体现在教育制度上。在达伦多夫看来，教育是通往平等的主要车轮，它促进了流动性和"精英式"社会秩序的形成，但在密里本德眼里，教育主要是一种阻碍社会变革的现象，因为教育体系在每一代人那里都会被反复用来创造有利于统治阶级利益的总体意识形态。

正如我前面所说的那样，工业社会理论站在马克思观点的对立面，明确反对彻底变革"先进社会"的可能性。在这一点上，工业主义在本质上是统一的，这种观点扮演了重要的角色。如果工业社会的确存在着某些共同特征的话，那就是未来的各种可能模式得到了很好的限定，换句话说，未来将不会偏离现在太远。我希望，我在本书第一章中提出的论据已经提醒了读者，对任何从所谓必然性角度进行建构的理论采取怀疑的态度。这种观点同样适应于马克思主义的观点，因为它就是以一种类似的方式建构起来的。有些马克思主义者宣称，资本主义必然灭亡，并且必然为社会主义所代替。在马克思本人的著作中，他也使用了类似的术语。在逻辑上，工业社会理论和资本主义理论都未必说得通，在经验上，两者也未必可行。我们面对的是一个具有无限可能性的世界，我们有关这个世界的知识形成了这些可能性。但是，评估上面所勾画的这两种观点依然是重要的，我们要看看何者更为准确。因为这将强烈影响我们对这个世界最有可能出现的发展趋势的认识，同时还强烈影响我们有关社会变迁方向的最现实选择的认识。

第三章　阶级划分与社会转型

前面一章提出许多不同的议题，尽管我希望其中有些能够引起读者的兴趣，但在这本书中，我却没有篇幅加以详细讨论。但是，其中所提出的三个论点我还是有必要进行集中分析。第一个论点是有关阶级分析在研究当今先进工业社会时的意义问题。事情并没有沿着马克思所设想的方向发展。我们是否应当如工业社会理论者所主张的那样，断言在分析当代社会的过程中，马克思的思想已经不再具有任何重要意义了呢？这一问题将是本章所要分析的主题。第二个论点是有关国家性质的问题。根据工业社会理论以及更一般意义上的自由政治理论，国家是整个共同体利益的仲裁者。但按照马克思的观点，国家是"资本家的国家"：也就是说，国家在某种意义上是阶级统治的表现，反映了阶级利益之间的不平衡，密里本德的分析就表明了这一点。在下一章中，我将对国家问题加以讨论。第三个论点比前两个要远为深刻，它与前两章所做的理论探讨紧密相关，那就是有关当今世界社会转型的潜在可能性问题。从某个层面来说，这一点与马克思主义方案的有效性有关。今天，我们是否还可以想象，未来将建立一种迥异于现存工业资本主义社会的社会主义社会呢？从一个更为抽象但更不重要的层面来说，第三点与社会学作为一种批判的事业有关。我曾经说过，社会学对于它的"研究对象"——即人类社会生活——来说，内在地存在着一种批判的关系。但是，这种批判的事业应当采取一种什么样的形式呢？从某种程度上说，这正是本书所论述的主题，但是，在结语中，我将对这一问题进行更加详细的阐述。

19世纪以来的变迁：公司的权力

如果我们对达伦多夫和密里本德各自所做的分析——每一方都有许多其他类似的追随者——加以比较的话，可以发现，在对19世纪欧洲的看法上，他们之间并不存在多大的差异。说得更明白一点，那就是两者都认为，马克思对19世纪工业资本主义的描绘大体上是正确的。达伦多夫同意，在那一时期，私有财产与阶级划分之间的确一致，而公开的阶级斗争更是一种常见的现象。两个作者之间的明显差异主要体现在对过去100年来西方社会所发生的变迁上，他们形成了完全不同看法。对于达伦多夫来说，这些变迁是深远的，它们以一种进化的方式而不是马克思所设想的革命方式消除了资本主义的阶级特征。但密里本德反对这种解释，在他看来，西方社会仍然是资本主义社会，阶级分析在理解资本主义的制度形式时仍然具有极其重要的意义。

对一个世纪以来的变迁进行广泛的检视当然超出了本章的篇幅，事实上，也超出了任何一本书的篇幅。但是，透过经验性的描述，我们仍然可以对那些已经发生而且影响深远的变迁所具有的意义进行大致的评估。在过去100年里，西方社会的一个典型特征就是国家不断扩大对经济生活及其他社会生活领域的干预。对于这一现象，我将在下一章作更直接的分析。这里更重要的是要关注不断提高的经济集中 (concentration of the economy)：大型公司对经济生活的支配。毋庸置疑，大公司在所有西方经济体系中已经不同程度地扮演了越来越重要的角色。在这些国家中，要找到可资比较的准确数据（尤其是资料）是非常困难的。自20世纪初以来，美国200个最大的公司以每年递增0.5％的速度扩大了其在总资产中的份额。今天，这200个最大的公司已经控制了整个工业生产的3/5左右。与此类似，200个最大的金融组织现在也控制了美国全部金融交易的一半以上。[1]一小撮

① 米歇尔·厄西姆：《内在循环》，第二章 (Michael Useem, *The Inner Circle*, New York, Oxford University Press, 1984)。

位于顶峰的这类公司的确规模巨大，而且在全世界都有分支机构。

从某些最基本的指标衡量，英国工业集中的程度甚至比美国还高。日本和其他西欧国家的集中程度各不相同，但大公司在这些国家的经济活动中都扮演了举足轻重的角色。在这些大公司中，大部分都是所谓的公开招股公司（public corporate）：也就是说，公司由股票所有者所"拥有"，它们发行既可以买进也可以卖出的股票。 46

但这又能说明什么呢？达伦多夫采纳了通常被称作"经理主义拥护者的立场"（managerialist position），认为，大公司的出现导致了19世纪以来资产阶级的分裂。根据这种观点，大公司中股票分散化将产生某些重大的结果。让我们把这些企业称作"巨型公司"（megacorporation）吧。这种观点认为，与全盛时期的企业家资本主义相比较，巨型公司已经"更不那么资本主义"了。19世纪时期的资本主义具有强烈的竞争性，因此，每一个公司都致力于实现利润最大化的目标。但是现在，巨型公司已经处于某一经济领域的主导地位，它们能够支配市场，而不被市场所支配。另外，这种观点还进一步认为，它们已变得更关注于稳定和长期增长了，而不是一时的最大利润。以IBM为例，它在追求利润率提高的同时，也强调整体发展局面的维持。用现代经济学的术语来说就是，这种公司越来越变成了"满足者"

(satisficers）。它们所追求的是总体利润率的维持，而不是把利润最大化的目标置于一切之上。

这种解释与下述观点颇能吻合，它认为，巨型公司的形式拥有者——即股票持有者——现在不再对公司事务形成强大的控制了，权力已经过渡到了经理手中。既然经理不是"资本家"——他们不拥有他们所控制的公司——他们也就更关心公司内部行政管理的稳定，而不是它所追求的利润。一些持经理主义拥护者立场的作家极为强调这一点。他们宣称，巨型公司已成为一种具有社会责任感的机构，一种具有"高尚情感的公司"（soulful corporation），它远离了19世纪那种野心勃勃的、自私自利的公司形式。

根据经理主义拥护者的观点，如贝勒（Berlie），当代西方经济体中呈现出来的强烈公司集中化趋势，并不意味着上层阶级获得了一种新的巩固形式。公司越是趋于集中化，以前的阶级团结（solidarity）形式也就越趋于瓦解。通过吸收这种观点，达伦多夫提出了"统治阶级解体"的观点。19世纪存在着一个统一的、由资本家所构成的支配阶级，但随着巨型公司的成长，所有权与支配权的分离，资产阶级也越来越趋于瓦解。资本"所有者"现在已成为一个四分五裂的概念，因为现在股票持有者已变得高度分散了。资本所有者已经与经理管理人员分开，后者才是公司的真正掌权者。但经理人员也是一个分裂的队伍，因为他们主要效忠于各自掌管的公司。

但是，对于上述解释，我们可以举出充分的理由来反驳其中的每一个观点。对现代经济生活来说，巨型公司对现代经济的支配显然具有重要的影响，但这些影响似乎并没有证明经理主义论者所主张的满足模式。经理主义论者过分夸大了以获取最大利润为目标的不受限制的竞争，把它看作是19世纪资本主义的特征。实际上，早期实业家通常非常注重从长远的角度经营自己的企业，而不仅仅是获取尽可能多的利润。或许更重要的是，今天的巨型公司仍然是在竞争资本主义的框架内运作的，尽管不可否认，通过大规模的广告和其他手段，它们可以以一种直接的方式影响时尚。从严格的意义上说，很少有哪个巨型公司能够真正处于一种"垄断"的地位：这指的是这样一种情况，在某一特定经济领域中，这个公司是唯一的商品生产者。通常，巨型公司之间也彼此竞争，这种竞争既发生在国内经济领域中，在当前时代，还尤其体现在国际层面上。这种竞争的压力，这种为了获得尽可能高的边际利润的驱动力，实际上可能是非常大的。附带说一下，应当注意到，经理主义的主张主要盛行于20世纪五六十年代，当西方工业处于稳定扩张和相对没什么问题的阶段。在随后的几年里，经济危机的再现，以及部分工业化国家依靠低廉的劳动成本使本国的生产商日益居于优势地位，它们给巨型公司在某些经济领域中的获利能力制

48

造了巨大的麻烦。尽管它们曾经得到了满足，但今天已经好景不再了。

这些思考对考察所有权与支配权分离的性质和含义有密切的联系。对于经理主义论者所主张的在巨型公司中股票持有者已经高度分散，而且这种分散已经使资本家对公司的控制权明显丧失的说法，近来的证据已经使它们的正确性遭到了怀疑。实际上，如果一个公司的其他股票持有者是高度分散的话，那么，资本家只要持有一小部分股票也就足以确保对公司政策的有效控制。而且，更为重要的是，经理人员的利益也比经理主义论者所设想的更加接近于资本所有者的利益，因为大多数高级经理都拥有相当数量的股票，即使较之于公司的全部资产来说显得相对微小，但它们的实际数量仍然相当庞大。因此，从两种意义上说，他们的利益实际上仍然是"资本主义"的：一是与其他资本所有者一样，他们在股市繁荣方面有着共同的利益；二是他们在巨型公司中的活动受资本主义企业这一活动框架的引导。①

经理主义论者的分析并不足以支持这样一种观点：19世纪时期的统一的资产阶级已经让位于一系列分散的小团体了，"支配阶级"这一概念已经不再适用了。当然，不论对

---

① 关于这一问题的讨论，可参阅爱德华·S. 赫尔曼：《公司的支配，公司的权力》（Edward S. Herman, *Corporate Control*, *Corporate Power*, Cambridge, Cambridge University Press, 1981）。

支配阶级还是从属阶级而言，人们都可能经常夸大阶级统一的程度。例如，我们不应忘记，在19世纪时期的许多西欧国家，传统的土地所有者在经济权力方面仍然处于领先地位，这给上层阶级造成了分裂，就像今天"经理人员"与"资本家"的分离所形成的裂痕那样。这里，还存在两个因素有待于我们作进一步的思考。一是西方资本主义社会在财富分配方面仍然存在的明显不平等现象。尽管各个国家的不平等程度互有差别，但作为总体现象，总是极少数人在国家财富总额中拥有比例大得惊人的财富。如果我们从股票和股权的角度考察，而不是一般财富的角度来看，少数人占有的情况还要更加突出。二是社会流动的问题——从精英群体的构成角度来看，甚至根本就不存在什么社会流动。关于这一问题，密里本德的结论似乎比达伦多夫更接近问题的核心。不论在阶级体系的底层可能存在多大的流动性，从社会底层进入最高社会层级的机会的确微乎其微。

50

"阶级冲突的制度化"

那个曾经被马克思称作是"资本主义掘墓人"的工人阶级，今天的情况又如何了呢？一个世纪以来，墓仍然没有挖好，而且，资本主义未来的继承人尽管不再像其先祖那样充满活力，但也没有那种死期将至的严重威胁。那么，马克思所预言的革命性变革又为什么没有能够发生呢？如我们所看到的那样，曾有许多作者基于极为不同的理由，认为马克思的观念至少在19世纪的背景下具有实质的有效性。上述问题的答案——或者能够形成某种答案的见解——很大程度上依赖于对"阶级冲突制度化"的解释。我之所以把这一术语加上引号，是为了表明我对它还存有某些怀疑。但是，这一术语使我们注意到工人阶级被整合进资本主义体系的过程，而不是对它进行革命性变革。

"阶级冲突制度化"是工业社会理论家所热衷的观点之51 一，而且它也明白地涵盖了他们所着重强调的重点。因为根据这些作者的观点，公开或者破坏性的阶级斗争仅仅局限于工业资本主义发展的早期阶段。工业仲裁模式的建立和规范化使阶级冲突的棱角趋于钝化，并转化成为"工业冲突"。工人们也能够分得一小块工业蛋糕了，因为他们已经拥有了获得其经济利益的渠道。此外，政治权力的获得也促进了其工业谈判权利的发展。持这一立场的工业社会理论家指出，19世纪晚期和20世纪早期的工人运动强烈倾向于马克思主义学说，但此后，他们放弃了其革命的姿态，转而赞成改良主义的主张。在这一方面，德国和瑞典的工人阶级运动经常被拿来作为例证。在19世纪下半叶，德国社会民主党（SPD）是第一个明确标榜马克思主义立场的大众型政党，然而，随着第一次世界大战爆发，社会民主党进行了投票表决，大部分党员支持德国参加战争，接受政府的统治。社会民主党在这样做的时候，同时也开始了肃清党内革命性左派的斗争，因为他们拒绝与大多数人的路线保持一致。肃清的过程是血腥的，最终还动用了武力。因此，在这一时期，德国社会民主党实际上更是一个主张社会改革的政党，而不是一个主张革命的政党。同样，在工业领域，德国工人也提供了一个具有服从品质的例证，在工业化国家，德国工人的罢工率是最低的。

实际上，德国工人运动的发展根本不能被看作是西方社会的总体发展情况，更不能被看作是从标榜革命的政党向改良主义政党转变的典型。在这些方面，资本主义国家之间存在着巨大的、长期形成的差别。一方面，存在着一些这样的国家（如英国和美国），工人运动中的革命性因素明显不足，马克思主义思想及其政治纲领在这些运动中几乎不产生什么影响。另一方面，也不乏这样的例子，工人运动在过去有着强烈的革命传统，而且这种传统迄今依然明显。法国和意大利就是这种情况的典型。这些差别表明，工人阶级的"同化"（incorpora-tion）并不是一种统一的现象。资本主义的成熟不会造成革命无产阶级的兴起，同样，也并非每一地方的工人阶级都能温顺地成为"体系的一部分"。

从表面上看，我们似乎没有多大理由怀疑达伦多夫及其他作者所提出的观点，工人运动的转化与西方社会没有发生革命性转变之间的确存在着密切的联系。关于这一论点的最精致分析，要数 30 年前左右 T. H. 马歇尔（T. H. Marshall）所写下的文字，[①] 达伦多夫等人广泛地吸收了他的观点。根据马歇尔的观点，19 世纪的阶级冲突被此后发展起来的三种连续性"公民身份权利"（citizenship rights）所软化。这三种公民权利是：公民身份权利、公民政治权利和公民社会权利。第一种公民身份权利，主要涉及法律面前人人平等和参与法律体系的权利。第二种公民政治权利，主要指普遍公民权的获得，以及组建政党的权利。第三种权利主要指工业谈判的权利和获得福利的权利——包括失业救济、医疗保险，等等。在马歇尔看来，每一种公民身份都是其他公民身份发展的平台。使每一个公民在法律面前"平等和自由"的法律权利，在资本主义形成的早期阶段就已建立。没有这些权利（它们与封建庄园中权利与义务的划分形成对比），公民政治权利的扩张也就没有可能。同样，在限制资产阶级的权力方面，政治权利的扩张扮演了重要的角色，它们使工人阶级在政治上能够组织起来，在议会中独立代表自己的利益。工人阶级政治权利的扩张，并且与法律权利结合在一起，这种结果有助于巩固工

---

① 马歇尔："公民身份与社会阶级"，载《阶级、公民身份与社会发展》（T. H. Marshall, "Citizenship and social class", in *Class, Citizenship and Social Development*, Westport, Greenwood, 1973），最初出版于 1950 年。

业领域业已出现的集体谈判模式。但在马歇尔看来，工人阶级的政治权利对于现代"福利国家"的形成有着特别重要的意义。总而言之，这三种权利的发展明显改变了阶级划分的影响和阶级冲突的本质。马歇尔说道，在过去100多年的时间里，"公民身份与资本主义的阶级体系一直处于尖锐对立的状态"。[①] 但是，胜利的是前者，尽管这种胜利可能并不全面，但阶级斗争的威胁已经不再足于瓦解资本主义秩序了。

我想，马歇尔的说法在相当程度上是有效的，但我们不能毫无保留地加以接受，而是必须加上几个重要的限制条件。第一个是有关法律权利的意义问题。马歇尔没有充分强调"资产阶级法律关系"与雇佣工人的地位之间存在的不平衡特征。正如马克思重点强调的那样，把大多数人从封建义务中解放出来的过程实际上是使他们接受资本权力统治的一部分，早期资本家侧重于建立一个能够按自己意志加以雇佣或解雇的"自由"劳动力后备队伍。在马克思对资本主义经济活动的分析中，资本主义的劳动契约是分析问题的关键，与其国家理论直接联系在一起。资本主义的劳动契约预先假定了形式上"自由"的个体，他们之间不存在各种封建效忠关系的约束，这是一种通过自由契约所形成的纯粹经济关

54

———————————

① 马歇尔：《阶级、公民身份与社会发展》，第84页。

系。但是，这种"自由"实际上有助于雇主支配工人的权力。因为为了生存，一无所有的劳动者必然依赖于有报酬的工作。存在于自由契约后面的法律权利，实际上并没有从形式上赋予工人任何支配他所从事的劳动过程的权利。正如我在前面一章所指出的那样，对马克思来说，这是代议民主制的一种根本缺陷。政治权利尽管使每一个人成为了公民，但它并没有延伸到工业领域，可是，这一领域却占据了大多数人日常生活的大部分时间。

由此便得出了第二个观测结论，即马歇尔所描述的公民身份权利的扩张实际上并非国家仁慈的结果，而是必须积极争取的东西（正如密里本德所指出的那样）。在这一点上，再次强调一下我在本书开篇所提出的论点是有意义的。一直以来，"公民身份与阶级体系"并不是处于彼此尖锐对立的状态，相反，它们只不过是人类行动者积极卷入早期资本主义制度背景的表现。马克思的立场——如果适当地加以阐释的话——为分析这一过程及其结果提供了理论基础。法律、政治和福利权利的交叉融合为持续性阶级冲突提供了一个焦点，在阶级不平等的改善方面，它们并不是一些连续的阶段，而是持续冲突的核心，直到今天为止仍然如此。从很大程度上说，公民身份权利的扩张是工人与雇主和国家之间冲突的结果。因此，我们可以通过如下的方式重新阐述马歇尔的论点。工人队伍中工联主义的发展，实际上是由于工人阶级在资本主义的劳动契约中缺乏权力而采取的一种"防御性"的反映。由于工人没有参与制定生产政策的正式权利，他们被迫采取各种形式的拒绝合作措施——以威胁或实际的集体罢工为基础——来获得对工作场景的某些控制权。正如密里木德所言，在许多国家，只有在工人发动了大量积极的、惨烈的和暴力性的运动之后，各种工业谈判模式才能最终建立。对于政治权利而言，情况也同样如此。在大多数国家，广泛公民权的实现仅仅是 20 世纪以后的事情——是因为在战争的阴影下，政府为了把人们动员起来对敌斗争而做出的勉强让步。

对于马歇尔所说的"福利国家"（我在下一章将进行更详细的讨论），达伦多夫则称之为"后资本主义"的工业秩序。但我的观点却极为不同。自马克思以来，西方社会的确发生了一系列影响深远的变化——这些变化很大程度上正是阶级冲突的结果——但是，这些社会仍然是"资本主义"社会。之所以说它们仍然是资本主义社会，主要是基于如下标准：（1）在私有资本的支配下，生产利润仍然是经济系统的主要动力；（2）私有财产，尤其是私有资本的分布仍然是高度不均衡的；（3）阶级冲突在经济和政权（polity）层面仍然具有重要的意义。因此，可以说，资本主义仍然是阶级社会。

这就意味着在分析这些社会时，马克思的著作仍然具有不容忽视的重要性。当然，这并不意味着我们可以毫无保留地接受马克思本人或此后马克思主义者的著作。我对工业社会理论与马克思主义之间的比较，可以作为一种理解当代社会学主要实质性问题的捷径。但随后我将指出，我们在某种程度上必须摆脱这两种对立的解释路径。

新阶级、新技术

20 世纪西方社会的阶级体系发生的一个引人注目和最受到讨论的变化就是，与体力或者"蓝领"劳动比较，"非体力"或者"白领"工作的相对增长。统计数据显示，在美国的劳动力队伍中，白领工人的数量已经远远超过了蓝领工人。其他国家的政府统计资料也表明，白领工人的相对数量尽管不像美国那样高，但也表现出类似的发展趋势。

这些统计数据似乎与马克思所设想的资本主义社会的发展轨迹完全背道而驰。因为马克思相信，大部分人口将注定要成为体力劳动者，从事一些例行单调的工作，小资本家很大程度上将消失，最终形成一个少数大资本家与广大无产阶级对抗的格局。当然，在马克思本人的著作中，也存在一些与这种简化论相对立的论断。其中最著名的就是："中间阶级的数量将持续增长，他们是一些介于工人与资本家和地主

57

之间的人。"①但是，这种论断是在一种充满论辩的背景下提出的，其具体含义并不清楚。实际上，许多非马克思主义者正是以白领工作不断扩张为理由来反驳马克思对资本主义阶级结构的分析。对不同国家的调查研究结果显示，白领工人或者所谓的"中间阶级"，参加工会的比率远远要低于体力劳动者，而且他们还具有不同的价值观和人生观。因此，对有些作者来说，白领工作的相对增长意味着"中间阶级社会"的来临。马克思所设想的是一个两个对立阶级日益分裂的社会。但的确，新中间阶级的扩张已成为一种促进稳定的力量，它腐蚀了工人阶级，使之越来越纳入到中间阶级的队伍中，而不是反过来使中间阶级受到改造。

马克思主义者曾经以一种令人信服的方式批驳了这种论点。他们提出了两个论点来反驳前面所引述的只具有表面价值的官方数据。一是许多白领职业依旧具有单调、甚至是机械性的特征，非体力劳动的增长与"办公室机械化"是同步发展的。因此，在统计数据中，相当一部分被归纳到"白领"范畴中的工作实际上很难与体力劳动职业区分开来，这些工作除了必须具备一般的文字能力外，几乎不需要什么特殊的技能。在 19 世纪，"办事员"（clerk）是一种专业性工

58

---

① 卡尔·马克思：《剩余价值理论》，第 2 卷，第 573 页（Karl Marx, *Theories of Surplus Value*, London, Lawrence & Wishart, 1969, Vol. 2）。

人，他具有管理方面的权威。但在今天的职业系统中，已经存在着数量庞大的"事务性"（clerical）工人，事务性工作已经降格为一种单调刻板、要求不高的工作，而且从事这种工作的人也根本不拥有任何特殊的权威。二是事务性工作的扩张与妇女不断进入非体力劳动者队伍的底层是步调一致的。在大部分西方国家，这些事务性职业大部分为妇女所承担（在"服务行业"中，如店员，情况也同样如此）。妇女所从事这种事务性工作与男性工人所从事的职业之间存在着明显的差别，这些工作不但最为单调乏味，而且工作保障低、升迁前景差。这些女性工人并不是富裕的新中间阶级的一部分，相反，她们是我所说的白领阶层的"底层"。①妇女遭受着来自两方面的剥削（参阅第六章）：一是存在于职业体系中的歧视；二是她们在家庭中还必须承受家务劳动和照顾小孩等工作。

部分作者进一步认为，马克思所提出的劳动者将会日益"无产阶级化"的论断因此得到了证实。但今天，持这一观点的人已经相对较少了。大部分人认为，尽管新中间阶级并不像统计数据所天真地表明的那么大，但它或多或少已成为资本主义阶级关系的一个复杂因素。情况已表明，专业的、

---

① 安东尼·吉登斯：《先进社会的阶级结构》，第 288 页（Anthony Giddens, *The Class Structure of the Advanced Societies*, London, Hutchinson, 1979）。

经理级的或其他管理性职业中的白领工人已成为当代资本主义社会中的一支重要政治力量。从广义的角度说，马克思对小资本所有者——小商人、店员、旧中间阶级，等等——的没落所作的预测是正确的。但是，如果我们充分重视一无所有的新中间阶级的影响，这将意味着我们必须在某些程度上背离马克思的设计。无论如何，这都是我的一点看法。为公平起见，我必须指出的是，近来一些马克思主义者试图表明，有关新中间阶级的分析是直接源自马克思的理论，但我不太认为如此。[①]

新阶级和新技术是事物的一体两面。许多知名作者极端强调特定技术变化在塑造资本主义社会的当前发展轨迹方面所具有的重要性，在这些人当中，有些接近于马克思主义的立场，但大部分人与马克思主义的立场相去甚远。这里，存在着一个最为突出的观念，即我们正在进入一个由"信息技术"所支配的时代，这个时代不再像过去那样由制造工业所主宰。这些作者说道，这种社会并不仅仅是一种"后资本主义社会"，而是一种"后工业社会"。[②]他们认为，科学在

[①] 例如，赖特：《阶级、危机与国家》，第 3 章（E. O. Wright, *Class, Crisis and the State*, London, New Left Books, 1978）。

[②] 对于这一观点的两种对比性看法，参阅丹尼尔·贝尔：《后工业社会的来临》（Daniel Bell, *The Coming of Post-Industrial Society*, New York, Basic Books, 1973）；或阿兰·图尔莱：《后工业社会》（Alain Touraine, *The Post-Industrial Society*, New York, Random House, 1971）。

现代生产中所发挥的作用、电脑技术的广泛采用，尤其是最近微芯片技术的广泛普及，将对先前的社会秩序产生深远的影响。

这种影响的确可能是深远的，尽管微芯片技术的引入仅仅是最近的事情，它的结果还无法预知。现在谈论"第二次工业革命"至少还有点为时过早。而且，对于工业主义正在为一种新型社会所取代，即被一种与当代社会截然不同的"后工业秩序"所取代的观点，目前也有人持强烈的反对意见。其中一些最常提到的批判意见是：（1）后工业社会概念延续了隐藏在工业社会理论后面的技术决定论。我曾经说过，当我们在研究人类事务时，必须谨防任何形式的决定论错误，如果我们把技术从它所适用的社会框架中抽离出来，那我们就不可能对技术有充分的认识。在西方社会，这些社会框架仍然保持着资本主义的突出特征。（2）有些作者认为，后工业社会的来临意味着新统治阶级的出现，它的权力主要以对信息的控制为基础，而不是以财产为基础。然而，从本质上看，这种观念并没有什么新意，它可以一直追溯到19世纪的早期。例如，在圣西门所构想的"工业社会"中，就是科学家和技术专家的联合统治。但是，它并没有成为现实，而且尽管当代信息技术突飞猛进，它仍然不太可能实现。（3）只有在一种世界性的背景下，我们才能充分理解与新技术发展联系在一起的社会和经济变迁——在下一章以

60

及随后各章中，我将对这一点做更清楚的说明。曾经为西方社会提供了大部分物质产品的制造工业，现在已经建立在这些社会以外的地方了。

日本在这一方面是先导，在近30年里，它从一个经济发展相对偏低的国家一跃成为世界上国民生产总值居于第三位的国家（仅次于美国和苏联之后）。目前，日本的出口额远高于其进口额，其投资和增长率是美国的两倍。可以预见，日本将取代过去主要由西方国家所支配的工业继替顺序而处于领导地位。

日本成功地挑战了美国在炼钢和造船等"基础"工业方面所占有的统治地位。它从美国和德国手里成功地抢夺了汽车制造方面的世界主导权，从英国和荷兰手里抢夺了消费性电子产品的主导权，从德国和瑞士手里抢夺了照相机、手表和光学产品等方面的主导权。①但是，随着其他东方国家（地区），尤其是中国香港、中国台湾和韩国出现经济快速发展，日本的地位也开始受到挑战。

正如第七章第二节将要说到的那样，这些变化对目前世界上存在的优势地区与劣势地区之间的重大不平衡并没有带来多大的调整。但是，它们推动西方国家进入到一个更加复

---

① 参阅：傅高义：《日本第一：美国的教训》(Ezra F. Vogel, *Japan as Number One: Lessons for America*, Cambridge, Mass., Harvard University Press, 1979)。

杂的国际分工体系中。有关后工业社会来临的主张最好被看作是世界经济的再联合，在这种联合体中，资本主义国家是世界经济体系（尽管这种体系可能正在经历重大的转型过程）的管理"中心"。

工人阶级的终结？

就上面所提到的这些事而言，我们当然必须正视西方社会的阶级结构和工作性质所发生的重大变化。信息技术的广泛使用可能逐渐改变大部分人所从事的工作的性质，并提高失业率的水平。事实上，大部分世界经济都深陷于长期性经济衰退之中，近年来，许多国家的失业率水平也急剧提升。针对这些现象，许多人认为，工业国家将永远不可能再回到20世纪60年代那种"充分就业"的经济景象中去了。图3.1说明了部分西方社会失业率水平的变化情况。

针对西方国家存在的持续高失业率，目前已经出现了各种有关这些国家阶级结构的发展趋势的反思性解释。其中较为引人注目和较具煽动性的当数当代法国作家高兹（Gorz）。[1]尽管他是以一种激进而非保守的态度进行写作

---

① 安德烈·高兹：《告别工人阶级》（André Gorz, *Farewell to the Working Class*, London, Pluto, 1982）。

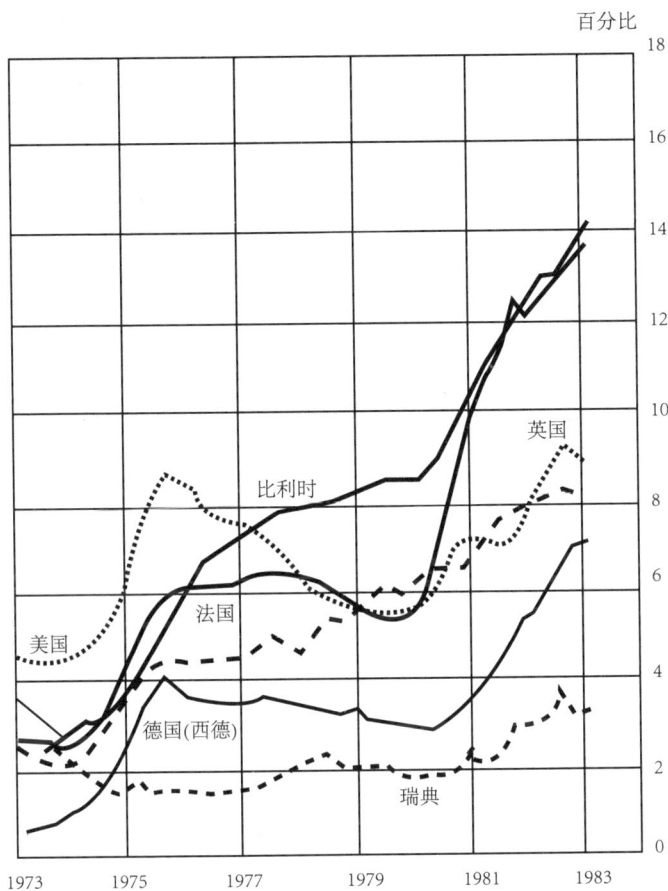

图3.1 1973—1983 年部分国家的失业状况（与实际劳动力的百分比）

资料来源：《社会趋势》（*social trends*，London，HMSO，1985）。

的，但他认为，马克思在 19 世纪背景下所提出的资本主义的革命性变革主张，现在已经寿终正寝了。当前的情况是，与其说无产阶级推翻资本主义体系，反不如说资本主义的成熟越来越缩小了工人阶级的作用。高兹接受相对于白领工作而言，蓝领工作越来越趋于萎缩的观点。但他把它看作是信息技术的冲击所致，在他看来，信息技术将消除大部分现存的体力劳动，同时也将消除许多单调乏味的白领工作。

因此，与达伦多夫的观点相比，高兹对马克思主义的批判体现出相当大的不同。按照他的描绘，马克思的观点是，工人阶级建立一个公平而人道的社会的潜力，以工业资本主义所能带来的剩余价值为基础。现代工业所隐含的生产能力，能够创造远高于满足人类基本需要所必须的财富。在剩余价值的生产中，我们可以预见到一个摆脱了强制性劳动限制的自由领域，工作本身将成为目的，由它能够提供给生产者的自我满足水平所决定。然而，高兹说道，资本主义的后续发展却彻底背离了这样一种预期。管理制度所采取的严格的劳动控制，已经有效地压制了工人形成任何创造性劳动潜力的意识。今天，许多工厂的生产过程可能跨越各个大洲（参阅第七章第二节），而且它们早已不是政策形成和决策制定的主要中心了。在一个技术复杂、生产过程遍布全球的时代，工人们在地方性生产背景中所能拥有的将只是一种消极的力量——在某种程度上阻碍管理政策和方案实施的能力。

64

根据高兹的观点，正是这些破坏了马克思主义构想的趋势，有助于创造新的机会以实现某些与马克思主义一致的价值。他说道："当前的重点在于反对劳动的性质、内容、必然性和各种模式，以便使自己从劳动中解放出来。"[①] 问题不在于如马克思所预期的那样，必须由工人阶级掌握权力，而是必须获得能够完全拒绝"劳动者"这个角色的自由。上面所勾画的发展趋势表明，工人阶级已经被高兹所说的"非劳动者的非阶级"(non-class of non-workers) 或"新无产阶级"(neoproletariat) 所取代。这个阶级或者由大量永久失业的人员所组成，或者即使他们在工作，也没有得到很好组织，缺乏阶级认同，职业的保障程度也较低。从长期来看，作为信息技术不断扩张的结果，失业的队伍将会日益增大。

新无产阶级既然不是一个阶级，它没有组织的凝聚性，因此，在现阶段，它也就不是马克思理论中的工人阶级的替代物，它也没有承担变革社会秩序的历史使命。但高兹却认为，这种明显的弱点正是新无产阶级的力量之源。因为"非阶级"(non-class) 中的成员没有任何必须接受"生产主义"(productionist) 风气的理由，无论它是资本主义的，还是马克思所设想的社会主义的。他们越来越倾向于寻求满足感的源泉，但这种满足感与工作和工作场所毫无关系。形形

---

① 安德烈·高兹：《告别工人阶级》，第 72 页。

色色的生活方式——它们外在于工作领域——将成为未来的关键。高兹宣称，我们正在走向一种"二元社会"：一方面，生产和政治管理将会很好地组织起来，以使其效率最大化；另一方面，将会出现一个个人具有多元追求的领域，在这一领域中，享受和自我满足将成为追求的目标。

高兹说道，就那些目前仍然在工作的人而言，我们可以预期，他们的平均工作时间将大大缩短，而且还将引入各种各样的轮班制度。在大多数雇主和工人看来，失业是一种消极的现象，但是，这样一种观念将很可能变得过时。生产主义的工作伦理将让位于一种关注度过"自由时间"的全新观念，这种自由时间将不再仅仅被当作是一天活动之外的余暇。在部分欧洲国家，已经存在着这样一种情况，相当一部分雇员不仅可以自由选择其上下班的时间，而且可以自由选择其每个月的工作时数。除此之外，还设想过其他一些可能性：可以在任何年龄"提前退休"，以取代延长劳动力的记龄退休（final retirement）制度；实行目前仅在少数场合（主要是大学）试行的公休假（sabbatical leaves）制度；[①] 实行"时间储蓄账户"（time savings accounts）制度，凡在特定时间能够积累起一定总量的工作的员工，他就可以缩短其此

66

---

① 所谓公休假制度，原指美国某些大学教师每 7 年一次的休假年，现也指其他领域工作人员的带薪或部分带薪的定期进修、休养或旅游假。——译者

后的工作时数而又不至于减少其收入。

把高兹的观点与其他一些作者——如希默尔斯特兰德 (Himmel-strand) 及其同事①——的观点等进行比较是有启发性的。希默尔斯特兰德的写作以瑞典为背景——巧合的是，这个社会比目前任何其他社会都更广泛地使用了信息技术。他的作品所维持的正好是被高兹宣称为过时的现象，他自我标榜了一种马克思主义的解释，以说明工人运动主导下的社会主义变革的可能性。希默尔斯特兰德不仅不愿告别工人阶级，而且还拒绝承认工人阶级的相对规模已经萎缩、工人已经被动地纳入到生产的技术机制中去了的观点。瑞典不仅是世界上物质丰裕、高度平等和技术发达的先进社会之一——其人均收入水平甚至比美国还高，而且它还是一个工党（社会民主党）执政长达半个世纪之久的国家。在希默尔斯特兰德看来，这些事实足于使瑞典"超越福利资本主义"而向社会主义迈进。在他心目中，"社会主义"并不指任何东欧国家那样的模式——这种模式和当今大部分西方马克思主义一样，都被他嗤之以鼻。他希望看到的并不是任何国有工业的扩展，或生产计划集中化的扩展。相反，他希望看到的是工人在某种程度上实际控制他们所从事的生产过程——

67

---

① 乌尔夫·希默尔斯特兰德等：《超越福利国家》(Ulf Himmelstrand *et al.*, *Beyond Welfare Capitalism*, London, Heinemann, 1981)。

在高兹看来，现代工业是不可能实现这个目标的。而且，希默尔斯特兰德认为，这并不是一种人们在展望未来时希望实现的一种愿景，而是现在已经实实在在地提上了日程。

较之大部分其他西欧国家，瑞典的失业率是低的。在希默尔斯特兰德的书中，根本就没有谈到由失业和半失业人员所组成的不断扩大的非无产阶级。相反，他所谈论的是他所谓的"扩展的无产阶级"（extended working class）——指大部分劳动力——他们对社会主义改革具有普遍的兴趣。扩展的无产阶级涵盖了所有从事例行化工作的人群，包括低级白领工人、服务人员以及蓝领工人等。希默尔斯特兰德试图表明的是，根据各种阶级意识指标，这种以扩展的无产阶级面目出现的无产阶级不但依然存在，而且还充满活力。在瑞典和其他各个先进工业社会，存在着各种使他们的发展纲领超越一般的工会谈判而迈向更广泛的社会重建的条件。说得更具体一点，希默尔斯特兰德所关注的是在工业领域建立起一种工资收入者基金（wage-earner's funds）制度——这种设想现在已得到了社会民主党的正式认可。虽然这些设想具有不同的表现形式，但它们基本都主张实行利润共享制。这种共享制表现在，公司的利润每一年都将按比例转移到员工身上，同时还将特定比例的利润转化成国家和地区发展基金。他认为，这一过程将使雇主与工人的权力关系产生一种进步性的转移效果，同时也能与工业民主的方案整合在一起。

两个作者所针对的都是西方社会阶级结构的当前发展趋势，但为什么两者的观点却如此大相径庭呢？显然，答案之一是，希默尔斯特兰德的讨论所针对的是瑞典，哪怕其含意并不仅仅局限于这一社会，而高兹的主要参考对象则是法国。当然，在工业组织和阶级结构的当前变化将产生的结果方面，两位作者的看法也存在着实质性的差异，其中一点涉及在西方社会的职业系统中，工人阶级到底是日益消失呢（如高兹所言）还是日益扩大（如希默尔斯特兰德所言）。

我在本章上一节所做的讨论与这一问题有关。从表面来看，两位作者的观点都正确。一方面，在几个主要的西方社会，如美国、英国、法国和德国，煤、铁、钢等"传统"工业的确正处在萎缩之中。正如前面所指出的那样，这些工业已落户于远东地区的其他一些国家了。另一方面，传统工业的相对衰落又被服务业的迅猛发展所取代，后者主要从事旅馆、餐饮、旅游等行业。我前面已经说过，这些行业中的大部分从业人员都是非熟练或半熟练人员，因而无法进入"中间阶级"的行列。但是，这些人也不会融入蓝领工人的行列，以形成希默尔斯特兰德所谓的"扩展的无产阶级"。因此，无论在不同社会的阶级结构内部还是之间，整个图景看起来都充满了歧见。

高兹的观点不仅建立在蓝领工人阶级的重要性不断萎缩
的基础上，而且还建立在信息技术与失业之间的关联上，以及在不久的将来将出现高失业率的假设上。但是，这些主张都是有待商榷的。显然，微电子技术的引入在眼前的确会导致人员富余，尤其当它参与到以前由人工操作而现在转为自动化的过程时，情况更是如此。但是，它在经济活动中能够产生多大的影响？这种影响又能够持续多久？这些都是具有高度争议的课题。像高兹一样，有些人认为，自动化将导致就业机会的减少。但我们同样也可以认为，信息技术的发展在或长或短的时间内将创造出新的工作机会，因为需求的模式已经发生了转变。与反方的观点一样，我们也可以轻易地找到通过广泛使用微技术（microtechnology）来创造新的工作机会的方法。例如，廉价而大规模地生产现有的产品可以创造出新的需求；可以开发新的产品和服务；那些处于财政困难的工业部门可能重新获得的机会，等等。

因此，所有这一切都比许多作者所能同意的还要富有争议，还要不可预测。当前的高失业水平必须从 1973 – 1974 年的"石油危机"和其他导致生产衰退的因素等背景下进行理解。在大多数西方社会，在可以预见的未来，失业率在可能的范围内仍将保持较高的水平，甚至还可能进一步提高。但这并不像许多观察者所认为的那样，是一种不可避免的趋势。20 世纪 60 年代，当西方国家处于高度繁荣的时期，大部分人不也是理所当然地认为，接近于完全就业的景象将永驻人间吗？而今，对于相反观点所表现出来的某些以偏概全的思维方式，我们的确必须谨慎，不要重蹈覆辙。

这些讨论对于检视高兹和希默尔斯特兰德各自观点的经验基础具有重要的意义。在捍卫今天的政治纲领的过程中，一个世纪以前马克思所设想的图景还存在何种意义？对于这一问题，两位作者显然都没有能够解决。但这个问题已经远远超出了迄今为止本书所分析的议题，我因此将在结论一章中加以分析。

第四章　现代国家

71　　迄今为止，我对过去一个世纪以来所发生的一组极端重要的变化只是简略地提了一下，那就是国家在社会生活中的作用已日益扩张的问题。我们可以通过各种途径来描述国家活动的扩张。从经济角度看，资本主义国家在指导生产活动方面发挥着越来越直接的作用。在绝大多数这类国家，国家直接雇佣的劳动人口占全国从事经济活动的劳动人口的40％以上，在这部分人当中，部分直接受雇于国家行政机关，部分则受雇于国有工业部门。同时，国家也越来越试图通过经济计划、价格和收入政策等杠杆"干预"经济活动，以影响商品的供给和需求。另外，在其他社会生活领域，同样少不了国家介入的影子，如参与组建监狱、收容所、医院等，参与供给"福利"名目下的各种服务等。

　　鉴于上面的事实，令人奇怪的是，直到最近，社会学却很大程度上忽视了国家的存在，不论是马克思主义的社会学家还是其他流派的社会学家，都概莫能外。这种情况之所以产生，部分是因为社会科学中存在的极端扭曲的分工观念。72它认为，社会学所要研究的是"社会"，即19世纪思想家所说的"市民社会"，包括经济、家庭以及外在于国家的其他制度。对国家的研究被看作是"政治学"或"政治科学"的专属范围。然而，从某种程度上说，这种对国家的回避还有更深层次的思想根源，甚至可以一直追溯到19世纪。在对古典经济学进行批判的过程中，马克思主义和非马克思主义社会学所延续的是一个共同的谱系。在古典经济学理论中，国家只扮演无足轻重的角色。按照早期经济学家的说法，社会变迁的最重要动力来自于生产领域，即"市民社会"领域。国家只负责提供一个能够使经济契约受到保护的法律框架，并从整体上监督共同体的利益。

晚近的思想家对这样一种看法已经不再满意了。对于那些处于社会学主流地位的思想家——我们可以再一次以涂尔干为例——来说，国家的作用比早期经济学家所认为的要更加积极和更加重要。在社会秩序朝着渐进社会改革方向发展的过程中，国家活动的扩张是一个必然的、不可或缺的因素。在这里，国家被看作是一套良性的制度体系，在消除阶级划分和社会不平等方面具有直接的作用。相反，在马克思看来，早期经济学家没有看到的是国家的阶级性质，国家远不是消除阶级划分的手段，相反，它内在地强化了阶级划分：通过维护支配阶级的利益和抵制社会上其他阶级的利益来达到这一结果。但是，不论在哪种思想传统中，国家都没有成为系统研究的对象。无论是马克思主义者还是非马克思主义者，他们都只是把注意力集中在国家活动的影响上，而不是国家本身。实际上，在有关国家的论述方面，马克思本人所留下的也仅仅是只言片语，他毕生的精力主要是以自己的研究领域——存在于资本主义生产中的各种关系——为基础，对早期经济理论进行猛烈的批判。

国家与阶级：晚近的观点

然而，在过去 10 年左右，国家却成为讨论的热门话题，在马克思主义者中尤其如此。他们敏锐地意识到，马克思著作中关于国家的论述还很不完善，他们试图以一种详尽的方式表明其含义。实际上，密里本德的著作就是重新检视国家的第一批成果之一。这一领域中其他有影响的作者还包括普朗查兹（Poulantzas）和奥菲（Offe）。[①]在应当如何分

---

① 重点参阅尼科斯·普朗查兹：《政治权力与社会阶级》（Nicos Poulantzas, *Political Power and Social Classes*, London, New Left Books, 1973），首次出版于 1968 年。或克劳斯·奥菲：《无组织的资本主义》（Claus Offe, *Disorganised Capitalism*, Cambridge, Polity Press, 1985）。

析国家方面，密里本德和普朗查兹进行过一系列直接讨论，稍后我将对这些讨论进行简要的述评。

马克思有关资本主义国家的论述大致可以归纳为两种方式。在有些地方，马克思把国家看作是阶级统治的直接工具，直接由资产阶级所支配。例如，在一段文字中，马克思把国家说成是"资产阶级的执行委员会"。①但在其他一些情况下，马克思似乎又认为，国家的阶级特征在于国家官僚所维护的是整个资本主义生产的延续性。乍看起来，两者之间似乎不存在什么明显差别，其实不然，两者间的差别是实质性的。第一种观点意味着两方面的含义：一是支配阶级是一个单一的社会层级，二是这个阶级完全按自己的意志支配国家。显然，这种观点是容易受到攻击的，多元主义思想家所攻击的也正是这一点。多元主义的解释与达伦多夫及其他工业社会理论鼓吹者们的观点非常吻合，它认为，在西方社会，根本不存在什么单一的"统治阶级"。相反，存在的是各种各样的组合或多元化的精英，每一个组合都只具有非常有限的影响政府政策的能力。

马克思的第二种观点则承认，在一个依然是阶级社会的社会，统治圈子中存在着相当多的派系和摩擦。普朗查兹在

---

① 完整的句子应当是"现代的国家政权不过是管理整个资产阶级的共同事务的委员会罢了"，参阅《马克思恩格斯选集》，人民出版社，1995年，第274页。——译者

其有关国家的著作中就提出了这种观点——尽管经常是以一种冗长、含糊并且容易招致攻击的方式提出的。在上面提到的第一种马克思观点中，国家似乎是由统治阶级所操纵的。但在普朗查兹看来，资产阶级是一个内在分裂的阶级，国家具有一种独立于资产阶级的"相对自主性"。换句话说，国家在某种程度上是一种独立的权力，但仅仅停留在一定的程度和范围之内，这种权力的作用在于维持资本主义运作的整体制度框架。为了维护整个资本主义体系的长远利益，国家可能制定某些与特定资本主义集团的短期利益相违背的政策。例如，尽管面临那些企图兼并其他企业的公司领导人的反对，政府还是引入了反垄断法。

75　　这种国家分析无疑比第一种——或者说"工具主义"的马克思主义——更加精致。实际上，普朗查兹认为，密里本德的著作就属于工具主义的范畴，并且以这一点为基础，对他进行猛烈的批判。他说道，密里本德过于注重证明资本主义社会的精英分子所具有的共同教育背景、家庭关系和友谊关系等，他在应对工业社会理论、政治多元主义的挑战时，自己也落入了他们的圈套——他试图证明，执掌政权的终究是一个一致的有产阶级。在普朗查兹看来，上层阶级内部也存在着分裂，但这并不说明资产阶级的支配由此就遭到了破坏，分裂是一种正常的现象，关键在于，资本主义生产的制度性架构能够维持下去。

普朗查兹与密里本德之间的论战尽管并不是特别具有启发性或收获性，而且他们之间还经常各说各的话，但它的确突出了我在本书所要讨论的几个一般性议题。普朗查兹的总体立场尽管是马克思主义的，但它与我所要批判的社会学模式的几种要素非常接近。他的架构受当代法国哲学家路易斯·阿尔都塞（Louis Althusser）的"结构主义的马克思主义"强烈影响，在这种架构中，社会行动者完全被当作是"生产方式的承受者"。[①]换句话来说就是，人的能动性仅仅是社会原因的结果，人在这里不是一个具有认知能力的行动者：他们对社会的"双重介入"没有被概念化。[②]正因为如此，密里本德正确批判了普朗查兹，说他深陷于"结构超级

---

① 这里涉及的是社会学中的结构主义传统与吉登斯所建构的"二元性结构化理论"之间的差别。在前者看来，在结构与行动之间的关系问题上，前者处于支配地位，并对后者形成制约。但吉登斯认为，在社会学研究中，既不能过分夸大社会结构的制约性力量，也不要忽视行动者的能动性。行动者必须利用隐含在社会结构中的规则和资源，同时，社会结构也只有通过行动者的行动才能反复再生产出来。"从结构二重性观点看来，社会系统的结构性特征对于它们反复组织起来的实践来说，既是后者的中介，又是它的结果"（安东尼·吉登斯：《社会的构成》，北京：三联书店，1998年，第89页）。——译者

② 所谓"双重介入"，即吉登斯所说的"双重解释学"。一方面，社会学知识的发展依赖于普遍行动者所构成的充满意义的社会世界，另一方面，社会学所创造的抽象话语体系又必须不断返回到它们所由提取出来的行动者的实践过程中去，对它进行描述和解释。参阅安东尼·吉登斯：《现代性的后果》，译林出版社，2000年，第13页，或安东尼·吉登斯：《社会学方法的新规则》，社会科学文献出版社，2003年，第279—280页，以及吉登斯的其他著作。——译者

决定论"（structural super-determinism）而不能自拔。①无论这一论战的其他部分孰是孰非，这一点可谓一针见血。

让我对这一点稍作进一步说明吧，并再次强调我在第一章所作的理论探讨的重要性，因为它与国家问题之间存在着直接的相关性。国家是如何获得普朗查兹所说的"相对自主性"的呢？这种相对自主性由什么组成？普朗查兹对这些问题的回答含糊不清、晦涩难懂，他没有交代清楚这种相对自主性以什么为基础，相对的程度是多大以及相对的是什么。我想，我们可以把这些问题搞清楚，但我们必须远离普朗查兹的决定论立场。要厘清资本主义国家的各种特征，最好的方式就是把它与历史上存在的其他国家类型进行比较，如农业国家、帝国等。在后面这些国家，统治阶级集团同时也就是国家官僚，国家与统治阶级二位一体。但资本主义不是这样，支配阶级的成员——商业界或工业界的领导人——尽管可能经常直接参与政府，但两者之间很大程度上有着制度性的差别。用卡尔·考茨基（Karl Kautsky）这位 20 世纪初期的马克思主义者的一句经常被引用的话来说就是，在资本主义社会，"统治阶级并不统治"。从某种意义而言，前面提到的马克思关于国家的两种观点与这种说法是吻合的，但

---

① 拉尔夫·密里本德："资本主义国家：对尼科斯·普朗查兹的回应"，载《新左派评论》，1970 年第 59 卷（Ralph Miliband, "The capitalist state: a reply to Nicos Poulantzas", *New Left Review*, no. 59, 1970）。

是，为了阐明相对自主性观念，必须对这一说法的含义加以提炼。

资本主义国家的运作依赖于税收，而税收又依赖于工商业活动的蓬勃发展，没有后者的兴旺繁荣，前者就难以存在下去。但是，国家并不直接支配资本主义工商业，它是资产阶级的支配范围。由于国家依赖于资本主义的工商业，因此，国家官僚的自主行动也就受到了强烈的限制。这是国家自主性的制度背景，同时也是这种自主性之所以有限或者说"相对"的基本原因。但是，我们不能、也不应该以一种机械的方式来解释这些现象。国家对经济生活的不断介入说明，国家官僚试图影响经济活动的总体运作。认识到资本主义经济面临各种混乱和危机的，并不仅仅是马克思主义者，事实上，像其他所有人一样，国家管理人员也认识到了这一点，并逐渐试图"管理"经济。

迄今为止，这种说法与普朗查兹的观点总体上是一致的，只是表达方式上各有不同而已。但是，我认为，在探讨国家自主性时，还存在着另一个极端重要的因素，那就是有组织的工人阶级的力量问题——通过工会的权力、劳动党/社会党对政府行为的影响等方式表现出来。对于国家与资产阶级之间经常出现的冲突状态，普朗查兹是从阶级分裂的角度加以解释的，国家政治可能偏袒的是某些领域的资本，而忽略其他资本。但是，国家也必须应对有组织的劳动力的影响。如果说在工业资本主义的早期，工人阶级的影响还无足轻重的话，今天，情况已经不再如此了。在前面一章我已说过，斗争和变革并没有使工人阶级"融入"一成不变的经济和政治制度中去，公民身份权利的获得已经使国家内部的权力分配发生了转移，尽管它并没有像马克思所预期的那样，导致革命性的变革。

78　　在这一点上，奥菲的著作对普朗查兹的重点进行了巧妙的修正。按照奥菲的观点，我们无法从上面所提到的两种马克思观点来正确理解国家，尽管第二种可能比第一种要更为正确。国家实际上是处于相互敌对或"相对矛盾"的两股势力之间的"夹心饼干"。现代国家承载了为整个共同体提供一系列服务——包括社会福利以及其他服务——的任务。但是，无论国家如何试图"管理"经济的增长，其财政收入都依赖于私人资本和私人公司所生产的财富：也就是说，依赖于它无法直接管理的过程。国家所提供的服务直接依赖于通过税收所获得的收入。但是，那些控制着经济生活的商业领导和资产阶级对国家获取收入的行为却持反对的态度，尽管这种收入是用于公共服务的供给。这是因为，尽管这种服务（如建设和维护一个良好的道路系统）为支配阶级和其他民众所共同需要，但其中的许多服务（如福利救济金的供给）主要是为社会下层阶级所享受的。

在奥菲看来，"商品化"（commodification）与"非商品化"(decommodification)社会关系之间存在着持久的张力关系。[1]商品是任何可以进行买进或卖出的产品或服务，因此，商品关系也就是一种可以标明价格以进行市场销售的关系。非商品化指的是那些脱离了市场机制，并通过经济准则以外的其他准则而组织起来的社会关系。从总体上说，劳动党或社会党倾向于追求和创立那些能够扩张非商品化关系的政策。例如，给每个人扩大受教育的机会或提供免费医疗等。相反，在上层阶级或中间阶级的支持下，保守党则主要倾向于商品关系的维持，或者使已经非商品化的关系"再商品化"。例如，制定旨在使民众通过贷款来承担教育费用的政策，或者扩大私人医疗领域等。

奥菲所持的立场与我上一章所讨论的公民身份权利的意义和"福利国家"的本质大体相符。一般来说，工业社会理论家倾向于把这些现象看作是"已经完成"的现象，它们帮助巩固了稳定的自由民主工业秩序，而且在他们看来，它们

79

---

[1] "商品化"与"非商品化"之间的张力关系主要是，一方面，资本主义的存在依赖于普遍商品关系的维持，但是，资本主义的普遍商品关系又存在着一系列"自我瘫痪"(self-paralyzing)的倾向，如垄断、贫富分化、失业、经济危机等，这种倾向使普遍商品关系越来越不可能存在。因此，另一方面，资本主义商品关系的存在又依赖于政府的干预，即通过各种公共政策（如投资刺激、失业保险等）来消除普遍商品经济所产生的各种负面后果。在奥菲看来，在资本主义社会，商品化与非商品化之间存在着持久的张力关系。参阅克劳斯·奥菲：《福利国家的矛盾》，郭忠华等译，吉林人民出版社，2006年，第一章、第二章、第四章。——译者

也有效地消解了马克思所提出的阶级冲突的问题。但是，倘若我的观察正确的话，它们正好是深陷于阶级冲突的表现，而不是阶级冲突已经消除的表现，因此，"福利国家"也就是一套相对脆弱的安排。例如，在保守主义盛行的今天，我们可以比一二十年前更容易看清楚，部分保守主义政府长期以来一直处心积虑地把福利服务领域"重新商品化"。

国家与官僚制

在刚才提到的那些方面，如果说马克思主义思想家对于现代国家的分析做出了实质性的贡献的话，我们还必须指出的是，他们也存在着两种分析显得相当不足的情况。其中之一是国家与官僚制的问题，或者更一般地说，是国家与管理权力的问题。另一种是国家与民族（nation）的关系问题，以及民族国家与军事力量或者说暴力的问题。对于这些问题，我们无法从工业社会理论中找到答案，因为它与马克思主义所产生的那些思想传统紧密地缠绕在一起。

然而，社会理论中的确存在那么一位伟大的人物，他的思想为分析这些问题提供了方法论基础，那就是马克斯·韦伯。在韦伯以前，"官僚制"通常被看作是"国家官僚制"（state bureaucracy）的同义词，用以指国家的各种职能部门。韦伯对官僚制的分析仍然主要集中在国家上，但他对这一概念也作了相当大的延伸，用以指任何形式的大型组织。根据韦伯的观点，官僚制的到来与资本主义的扩展之间存在着密切的关系。两者之间的联系存在于他所谓的"法理型"（rational-legal）规范当中。在他看来，资本主义经济活动的突出特征之一是例行化（routinised）：生产依赖于对利润和开支的计算，从原材料和劳动力的投入以及产品的产出角度进行生产。只有在非个人化的准则（norm）的基础上，这种例行化的形式才能建立起来，因为这种准则能够对各种程序进行详细的说明，并使精确的经济计算成为可能。对韦伯来说，资本主义经营方式在欧洲的兴起与复式簿记技术的发明之间并不只是一种巧合，后者为例行化经济活动所必须的经济计算提供了具体的方法。

按照韦伯的观点，法理型准则可以指导资本主义企业的经营活动，但是，它们具有更广泛的用途，可以从总体上运用于官僚制组织的管理活动中。在国家中，正式的、典集化的法律便是法理型准则的表现形式，在其他一些组织中，则表现为各种类型的程序性法则。官僚制组织存在着许多特定的特征。在韦伯的主要著作《经济与社会》中，他把官僚制的特征概括为一种"理想类型"（ideal type）——在韦伯的社会科学方法论中，这是一个基本的概念。所谓理想类型，就是"单方面突出"事实的某些方面，使之可以与事实进行比照。因此，韦伯的理想类型的官僚制列举了一整套特征，

81

这些特征即使在得到最充分发展的实际组织中也很难全部找到。①官僚制的特征主要包括：依据职务的责任大小所建立起来的金字塔式的权威等级；官僚机关的官僚都是领取薪金的、全职的人员，并具备任职的正式资格。在资本主义与官僚制之间的联系上，韦伯的分析有两点特别值得我们注意。其中之一涉及资本主义经营方式得以巩固的一般基础的问题。韦伯比马克思更加强调，资本主义扩张的条件在于官僚制国家的早期发展。在他看来，在国家的管理之下，建立起一套完备的法律体系和金融体系是资本主义生产大规模扩张的必要基础。

然而，就本章我所要讨论的主题而言，韦伯对官僚制所做的分析的更重要意义在于，作为一种社会类型的资本主义在与成熟的官僚制结合之后将会产生何种结果的问题。正是在这一点上，韦伯对马克思主义造成了沉重的打击，向社会主义社会将比自由民主的资本主义社会更加民主的观点提出了挑战。韦伯认为，官僚制与民主之间是一种彼此矛盾的关系。从本质上看，官僚制使权力集中在少数人手里，即集中在处于组织顶峰的那些人手里。但在马克思看来，在资本主义社会，对大多数人的生产工具控制权予以剥夺这一事实，

82

---

① 参阅马克斯·韦伯：《经济与社会》，第二卷，第 956—994 页 (Max Weber, *Economy and Society*, Berkeley, University of California Press, 1978)，首次出版于 1922 年。

既是剥削性阶级支配得以产生的原因，也是资产阶级民主之所以有限的根源。但是，随着社会主义社会的出现，通过废除生产资料私有制和阶级关系，所有这一切也将发生转变。工人们将重新控制生产资料，"自由劳动者"的虚假自由将让位于民主化工业制度下的真正自由。

韦伯的分析指出，这种论点是极其危险的。工人被剥夺生产资料的情况并不仅仅限于资本主义社会，因此，超越资本主义并不见得这一现象就将消失。在他看来，失去对劳动过程的支配权，使劳动降格为一种例行化的操作，使大部分人仅仅成为"机器上的一个小齿轮"，所有这些都是官僚制的一般特征。在资本主义的背景下，工人确实不占有生产资料，也不拥有对生产资料的正式支配权。但这种情况并不仅仅限于工业领域，在所有官僚制组织的底层，如大型医院或大学等，情况也都如此——在政府部门本身，情况也完全一样。韦伯强调指出，民主的理念起源于小型社会，在这种社会中，那些能被称作"公民"的人仅仅占人口中的极小部分，这部分人可以亲自参与各种集会以行使政治权力。但是，当代社会是一种巨型社会，在这种社会中，公民身份权利已经扩展到了每一个人身上，这种民主模式因此也就变得不再适用了。现代民主模式预先假定了政权（polity）方面的高度官僚化水平。为了举行大规模的选举，那就必须有一套稳定建立起来的"法理型"体系（rational-legal system），同

83

时还必须具备官僚化的执行程序，以确保选举能得到有序的组织和正确的管理。而且，现代大众型政党也具有一种强烈的官僚化倾向，不管它们是多么的公开，它们所追求的目标有多么的民主。现代是"政党机器的政治"（party machine politics）的时代，在这种时代里，普通公民的参与程度对政策制定的影响可谓微乎其微。韦伯是"精英民主"理论的首创者之一。现代民主允许个体通过其公民权对将要统治他们的精英施加某些影响，但是，它也使每个人都能充分主宰其命运的"参与式民主"一去不复回了。①

　　在韦伯看来，社会主义只会使情况变得更糟。因为它将使官僚制得到进一步扩张：内在于社会主义纲领中的经济生活的集中指导，将使国家的官僚化发展程度比资本主义社会还要严重。从总体上说，韦伯对资本主义和官僚制的评价是悲观的。但他坚信，自由民主制度至少还存在着某些尚没有为官僚化潮水所淹没的机会。"民主的精英主义"（democratic elitism）或许是一种有限的政治参与模式，但在多党制的背景下，它还是好过什么都没有。更有甚者，资本主义尽管存在着一种垄断化和寡头化的倾向，但它也保持着一种充分竞84争的性质，这种性质给消费者提供了选择的自由，在那些生

---

① 参阅戴维·毕瑟姆：《马克斯·韦伯与现代政治理论》（David Beetham, *Max Weber and the Theory of Modern Politics*, Cambridge, Polity Press, 1985）。

产为中央所控制的地方，这种自由将变得荡然无存。

批判性评价

韦伯的观点需要得到认真的对待，对于那些认为通过革命或者改革措施便可以使资本主义国家朝着更加正义、更加自由的方向稳定发展的人来说，他的分析不啻是一副清醒剂。但是，对于他所描绘的官僚制支配的隐隐威胁，也存在着数个不能加以接受的理由。

首先，像韦伯所认为的那样，把官僚制的演进看作是权力从组织的底层向上单向转移的过程，这种看法是站不住脚的。韦伯的学生罗伯特·米歇尔斯（Robert Michels）把其老师的观点归结为他所谓的"寡头统治的铁律"。[1]用米歇尔斯的话来说就是，"谁主张组织化，谁就是主张寡头化"：大规模组织的权力必然集中在少数人的手里。但是，寡头统治的铁律既不是一种铁律，甚至根本就是一种未加限制的不确切表达。不仅在日益扩大的社会或组织中（米歇尔斯最为强调的就是这种情况）不存在寡头统治的铁律，而且不断提高的官僚化水平（如韦伯所强调的那样）也没有出现

---

① 罗伯特·米歇尔斯：《政党》（Robert Michels, *Political Parties*, London, Collier-Macmillan, 1968），德文版首次出版于1911年。

作者所设想的必然结果。实际上，这种情况很容易得到证实。让我们看看下面两个例子吧，它们都与我前面所讨论的阶级和国家非常相关。与 50 年前相比，现代经济的集中化程度可谓是非常高的了——主要是由于我前面提到的几种因素的复合影响，如巨型公司的增长、国家不断扩大对经济生活的干预等。但是，这就使某些劳工群体获得了比以前大得多的权力，因为他们所从事的工作在经济领域处于特别重要的战略地位，那些负责公共设施的工人或者负责能源生产和分配的工人就是最好的例子。第二个例子，那就是被镶嵌在高度整合的生产线上的工人，一般认为，这部分工人完全丧失了对劳动过程的控制权。部分作者，甚至包括某些马克思主义作者在内，[①] 都倾向于得出如下的结论：在高度整合的生产场景中，对劳动过程的控制已经与劳动者剥离开来了——他们从而也得出了与韦伯和米歇尔斯类似的悲观结论。但是，实际上，在高度整合的工作条件下，工人在某些方面获得了比以前还要大的权力。因为高度整合的生产线是极度脆弱的，很容易为少部分工人步调一致的行为所破坏。

因此，我们可以再次发现，所有行动者都是具有认知能力的行动者，而不是只受其行动环境影响的被动接受者，认

---

① 参阅哈利·布莱夫曼：《劳动与垄断资本》（Harry-Braverman, *Labor and Monopoly Capital*, New York, Monthly Review Press, 1974）。

识到这一点具有重要的社会学意义。这种意义表现在，在官僚制组织（包括国家在内）中，或多或少地存在着一种资源持续"交替"（trading-off）的过程①。权力通常是积极斗争的焦点，在这种斗争过程中，处于从属地位的人未必就永远是失败的一方。这样说并不表明韦伯和米歇尔斯的观点就一无是处，他们的观点无疑表明了某些普遍而真实的趋势，只不过这些趋势与官僚制或不断扩大的社会组织之间并不存在普遍的联系。

在我看来，韦伯对官僚制支配的全心关注导致他低估了 86 马克思对资本主义国家所作的卓越批判。在发达资本主义社会，每个人都是公民，但"政治"与"经济"的分离却成为这一社会的典型特征。我前面说过，公民权是促使这些社会发生变化的一种极端重要的媒介。但是，在工业领域，雇员影响工业领域的权力却仍然只是一种消极的权力：它建立在集体罢工或其他可以受到重视的方式（如控制生产线的流量、破坏生产线的运作以及其他怠工行为等）之上。在工业政策的制定方面，蓝领工人和下层白领工人都不拥有任何正式参与的权利。

---

① 在吉登斯的话语体系中，资源主要涉及权威性资源和配置性资源两项，前者主要指由信息的收集和储存而形成的资源，后者主要指物质性资源，如生产工具等。在吉登斯看来，所有行动者，无论他处于多么不利的地位，都总是拥有相应的资源。行动者之间的行为互动表现为一种权力关系，这种权力关系以资源的交流为基础。——译者

如果处于下层地位的人能够通过这种消极的方式获得某种程度的权力的话，那我们就有充分的理由假定，公民身份权利的扩张将进一步把这种权力延展至工业领域。换句话说就是，在当代社会，存在着某些建立"参与式民主"的可能性，不应当像韦伯那样完全排斥这种可能性。正如马克思的分析所表明的那样，这种民主在工业领域将具有特别强大的力量。但是，不可否认的是，马克思和许多后来的马克思主义者都过于乐观地认为，这种参与式民主将在未来的社会主义秩序中成功地落实下来。在现存的东欧社会主义社会中（其中当然也存在某些例外，如南斯拉夫的工人自治实验、波兰的团结工会等），这种民主之光几乎从来就没有闪烁过。

国家、社会运动、革命

87　　至少从 18 世纪以来，现代国家的历史就与社会运动的影响缠绕在一起。社会运动是集体运动的表现形式，旨在促使现存社会秩序的某些方面产生基本变革。一如对国家和官僚制的研究，马克斯·韦伯同时也是社会运动社会学的先驱者。他强调稳定、规范的官僚制组织与不定型的、多变的社会运动之间的对比，后者对现存社会秩序正好构成了挑战。在他看来，社会运动是一种动态的影响力，它通常非常彻底地动摇或瓦解既有的行为模式，并激发出快速的社会变迁。

在前现代社会，已经存在着各种极为重要的社会运动。比如，科亨（Cohn）就曾讨论过中世纪"千禧年运动"（millenarian movements）的影响。[1]这种运动具有其根本的宗教目的，希望在人世间实现上帝的统治。至于前现代社会的其他运动，则有其更为世俗的目标。比如，在中世纪后期，欧洲多次爆发农民起义，它们通常起因于粮食的短缺或赋税的繁苛。因此，在传统社会，宗教社会运动与世俗社会运动之间彼此泾渭分明，与过去两个世纪以来对现代国家发展产生重大影响的社会运动之间也判若两分。这种差别可以像某些作者所区分的那样，看作是社会反抗（social rebellion）与社会革命（social revo-lution）之间的差别。农民起义是社会反抗的表现形式，尽管他们往往也会推翻现存贵族群体或君主的统治，但他们并不追求制度上的变革。即使是对即将到来的新千年的信念，它们也几乎全部来自《圣经》，很少谈及是否应该或者可能对现存的权力体系进行改革。相反，革命性运动则存在其激进社会变迁的现世性目的，而且这种运动很大程度上与现代社会联系在一起。革命运动只有在普遍公民身份权利的观念出现以后才会出现，同时还结合了平等和民主的理念。这些观念根源于古代世界，在17世

88

---

[1] 诺尔曼·科亨：《新千年的追求》（Norman Cohn, *The Pursuit of the Millenium*, London, Mercury Books, 1962）。

纪的时候逐渐展现其现代的轮廓。但是，只有在18世纪晚期以后，它们才系统地演变为激进的社会和政治变革运动。

在第一章我已经提到过，美国大革命和法国大革命对19和20世纪的社会变迁过程产生了深远的影响。从这种最基本的意义来看，当今世界的人们都生活在"革命的社会"中。没有哪个社会可以逃脱"两次大革命"的影响，在过去200年里，大部分国家至少都经历过一个重大的政治革命阶段。当然，自20世纪初以来，马克思主义已经以一种全面的方式与这种现象结合在一起。20世纪的大多数社会革命都以这种或那种形式为马克思主义所影响，或直接受它的启发。马克思主义不像社会科学中其他有关革命的理论——它提供了一种媒介，通过它可以形成敌对的社会运动，以实现大规模社会变迁的目标。

对于社会运动的性质和结果的解释，不同作者通常见仁见智，这种现象正好说明这一主题存在着多么大的争议。在这些有关社会革命和革命性运动的解释中，蒂利（Charles Tilly）和斯考切波（Theda Skocpol）的观点有着重要的影响。①前者试图从现代社会运动的动员这种一般性框架下分析革命性变

① 查尔斯·蒂利：《从动员到革命》（Charles Tilly, *From Mobilisation to Revolution*, Reading, Mass., Addisonwesley, 1978）；西达·斯考切波：《国家与社会革命》（Theda Skocpol, *State and Social Revolutions*, Cambridge University Press, 1979）。

动的过程。在一个政治介入和政治参与观念得到鼓舞的世界里，民众很容易被动员起来以实现其利益和理想。社会运动是动员团体资源的手段，否则它们就只能极为分散地分布在政治秩序中，或者为国家当局所刻意压制。

在蒂利看来，革命运动是他所谓"多元主权"（multiple sovereignty）——即指由于这种或那种原因，国家无法在其统治范围内充分行使控制权——情况下集体行动的次级类型。多元主权既可以是外部战争的结果，也可以是内部政治冲突的结果，或者同时为两者所引起。1917年的俄国革命就是这种情况的产物，首先是国家介入第一次世界大战，然后是领土沦陷和内部深刻的政治分裂。在多元主权的情况下，掌权的政府如果试图通过强制性手段来维持其权力，革命运动通常能获得更大的发展动力。这种现象与政府突然不愿或无力满足大部分人的要求有关，因为在后者看来，国家是可以满足他们的要求的。以意大利为例，第一次世界大战结束后，200多万人迅速复员，同时，战争时期的食品供应和价格控制也被贸然解除，结果为左翼和右翼激进运动的兴起搭建了温床。

斯考切波的侧重点则极为不同。蒂利倾向于认为，对利益有意识和有目的的追求是革命运动的先导，而"成功"的革命运动则发生在人们设法实现其利益的情况下。但在斯考切波看来，革命运动的目标典型的是模棱两可和摇摆不定

90

的，大规模革命性变动很大程度上是一种无意识的结果，是某些群体和运动所要实现的一些较为片面的目标的意外后果。现代世界的社会运动——她所关注的是法国、俄国和中国的革命——起源于此前政府体制中出现的某些结构性条件的变化。当然，在社会革命的条件方面，她也极端强调国际背景的重要性。她所得出的结论是，就她所研究的主要案例而言，革命危机出现在现存政府——所有三个政府都是专制君主制政府——无力应对国际条件变化的情况下，这种无力同时又为国内阶级分裂所加剧。国家当局对内既不能推动改革的实施，也无力促进经济发展，以充分应对已顺利完成这些变革的国家所带来的军事威胁。由此而来的张力进一步恶化了正在形成中的内部紧张，使现存的国家结构不断趋于瓦解和崩溃——它造成了持续的政治危机，通过吸取这些危机的养分，社会运动获得了发展。用斯考切波的话来说，革命性条件不会

91

因为公开宣称革命的一方或旧政权内部强大政治团体一方刻意追求这一目标而出现，相反，在行政和政治崩溃中成熟起来的革命性政治危机，是帝制国家深陷于双重压力的结果，这两种压力，一方面来自国外军事竞争或侵略，另一方面来自现存农业阶级结构和政治制度

对君主的反应所造成的限制。①

当斯考切波强调，重大的社会革命并不是那种有目的地组织起来以推翻现存社会秩序为目的的运动时，她无疑是正确的。但是，在有目的地形成的社会变动与"结构性"失调所导致的社会变动之间，她或许过于强调了两者间的对立。她与蒂利立场之间的差异，或许并不像她想象的那么大。因为不论是广义的现代社会运动还是狭义的革命性运动，通常都结合了以实现集体目的和利益为目标的人类行动，这种行动通常强大而有影响力。历史尽管未必服从于这些目标，但当今世界的许多特征却是在各种形式的社会动员及其无法预见的结果之间的交互作用下形成的。

① 西达·斯考切波：《国家与社会革命》，第 285 页。

第五章　城市：都市与日常生活

前资本主义时期的城市与现代城市

这里，我们必须再次检视一下曾经改变过当代世界的最新变化。大范围资本主义经济活动的出现可以追溯到 16 世纪左右，而工业资本主义的发展则是在 18 世纪的晚期——起初只是零星地分布在世界各地。但是，自 1780 年以来的 200 年里，人类社会生活所见证的变化已经超过了此前人类历史的所有变化。正如我在本书第一章所表明的那样，在这些变化当中，当代都市①的性质及其扩张表现得最为明显。在理解现代都市的影响方面，社会学想象力中的历史感受力具有特殊的意义。正如我下面将要表明的那样，从某种重要的意义上说，都市已成为我们这些生活在发达资本主义社会的人所必须面对的背景。因此，即使是两个世纪以前的人类社会生活状况，我们似乎都很难以理解——尽管在世界的大部分地方依然保留着传统的社会生活方式。

在前现代文明中，城市与乡村的对比通常表现得泾渭分明。这种说法当然可能夸大了前现代城市所具有的共同特征，②但在资本主义到来以前的大多数社会中，城市的确存在着一些明显的特征。城市通常由城墙包围着，城墙说明了城市的封闭性及其与乡村的隔阂，同时还具有军事防御的性质。传统城市的中心通常是寺庙、宫殿和市场所在地，而且这些仪式和商业中心通常还被第二层内城墙所包围。那时，城市是科学、艺术和对外文化交流的中心，当然，这些活动往往为少数精英分子所把持。虽然城市经常与复杂的道路系统联系在一起，但旅行通常只限于极其有限的出于军事和商业目的而活动的少数人。在前资本主义的城市中，生活的节奏是缓慢的，城市中的普通居民往往与乡村居民一样，遵循着类似的传统。而且如我前面所提到的那样，以当代的标准衡量，城市的规模也非常小。

93

---

② Urbanism 指"都市"或"都市化"，主要指进入现代社会以来所出现的特大城市或城市群，与一般意义上的"城市"（city）相区别。按照吉登斯的观点，都市仅仅是现代社会的现象，是一种完全人造的空间，有着特殊的生活方式。本书在翻译过程中主要将该概念译为"都市"，个别地方根据上下文的意思译为"城市"。——译者

② 例如，参阅吉迪恩·斯约贝格：《前工业社会的城市》（Gideon Sjoberg, *The Preindustrial City*, Glencoe, The Free Press, 1960）。该书尽管受到了广泛的批判，但它仍不失为这一领域难得的少数经典，包含了大量有价值的资料。

在过去两个世纪里，世界人口迅速增长——现在仍在增长——而且这些新增加的人口大部分生活在城市区域（参阅第一章第一节）。下面一些数据的确值得我们注意。目前世界上大约有 1700 座人口超过 10 万的城市，有 250 座比近代以前的最大城市还要大的城市，也就是人口超过 50 万的城市，在当今世界上，人口最稠密的城市大致达到了 1400 万之多。现代城市已经不再有城墙了，而且在许多广袤的城市带中，行政管理的界限与城市的实际延展范围并不一致。如果说巨型公司支配了当代经济的话，那么，层见叠现的"巨型都市"（megalopolis），或者说"众城之城"（city of cities），也笼罩了当代的城市生活。实际上，megalopolis 一词起源于古典时代，伯罗奔尼撒的政治家和哲学家们最早使用这个词汇来建构他们所设计的新型城邦国家，以此包容各种形式的文明。但在当代的用法中，这个词的涵义与其最初的设想之间已没有什么联系了。在现代，这个词最先是用在美国东北海滨从波士顿到华盛顿特区之间长约 450 公里的城市带上。在这一区域，生活着大约 4000 万的人口，人口密度达 700 人每平方公里。此外，在美国与加拿大之间的五大湖区域，也聚集了几乎相同数量和密度的城市人口。

这些发展趋势并非只有数量上的意义，尽管许多城市社会学著作所强调的的确是这些方面。也就是说，许多作者把城市化与工业资本主义之间的关系仅仅看作是农村人口向城市的迁移。这种看法当然有其部分的合理性，但这种迁移同时也是更广泛变迁中的一部分，它改变了城市本身的性质——城墙的消失或许是这种变迁的最典型象征。我们只要简要地考察一下社会学中有关城市分析的最前沿理论，便能明白上述观点的含义。

"芝加哥学派"的观点

在20世纪的头20年里，"芝加哥学派"在社会学中一直占据着显著的位置，直到最近，它仍然支配了有关城市问题的各种讨论。该学派存在着两种特别值得我们加以关注的关联性观点。第一种是研究城市区域分布（distribution of city neighbourhood）关系的所谓"生态学途径"（ecological approach）。这种途径最初是在与生物学中的生态过程的类比基础上形成的：依照这种理论，动物和植物通过它们对自然环境的适应方式，形成了一种秩序井然的分布态势。R. E. 帕克（R. E. Park）把这种观点用在对城市的分析上。他写道，城市"似乎是一个强大的分类和过滤机制，通过一些迄今尚未为人们完全理解的方式，这一机制绝对无误地把某些个体从整个人口中筛选出来，将他们安置在最适于其生

95

存的特定地区和特定环境中"。①通过竞争、侵略以及某些类似于生态学的过程，城市成为一个层次分明的"自然区域"。同时，这种过程还支配了不同区域之间的特征"划分"（zoning）。城市的中心地带通常是商业交易和娱乐活动的集中地，"内城"（inner city）四周通常为一些衰败的居民区所包围，在这一区域，分布着大量的廉价公寓或宿舍，再向外分布的一般是稳定的工人阶级区域，在最外围的郊区，居住的则是中产阶级。

一般认为，生态学途径所关注的仅仅是当代社会的都市。但是，芝加哥学派的第二种重要观点却不如此，路易斯·韦尔斯（Louis Wirth）在探讨"都市是一种生活方式"（urbanism as a way of life）时，就旨在探明城市生活的普遍性特征。韦尔斯的观点经常遭到其批判者的歪曲，因此，准确地描述其观点显得非常重要。实际上，他首次发表于1938年的一篇著名论文概括了他的观点。②韦尔斯从总体上指明了城市的三个特征：城市规模、人口密度和人口的异质性。在城市中，尽管大部分人都毗邻而居，但却彼此不认

---

① 罗伯特·E. 帕克：《人类共同体》，第79页（Robert E. Park, *Human Communities*, Glencoe, The Free Press, 1952）。

② 路易斯·韦尔斯："作为一种生活方式的都市"，载《美国社会学杂志》，第44卷，1938年（Louis Wirth, "Urbanism as a way of life", *American Journal of Soci-ology*, vol. 44, 1938）。也可参阅里斯：《路易斯·韦尔斯论城市与社会生活》（A. J. Reiss, *Louis Wirth on Cities and Social Life*, Chicago, University of Chicago Press, 1964）。

识。他承认，这些标准很大程度上只有形式上的意义，而且它们的结果也是一系列不同因素作用下的产物。但是，他的确认为，这些结果表明了城市定居者特有的生活方式。在城市，与他人的接触大部分都呈现出转瞬即逝和片断性的特征，而且它们还被当作是达到某种目的的工具性手段，而不是一种可以使人产生满足感的关系。韦尔斯说道，个体已经被剥夺了"整体社会（integrated society）生活所具有的那种主动的自我表达、道德观念和参与感。"[1] 根据生态学的观点，韦尔斯认为，庞大而稠密的人口将不可避免地导致区域多样化和差异化的结果：与动植物的生活一样，功能分化可以使大量人口生活在一个相对狭小的区域。在城市，"完整社会"的消失将使各种秩序性的例行常规盛行开来，它们为一些非个人化的行为准则所主导。在这里，我们应该注意到，韦尔斯的观点与韦伯对官僚制特征的描述类似。

对于其观点，韦尔斯在几个方面作了限定。不管城市大 ₉₇还是小，城市"生活方式"并不必然限于那些实际生活在城市中的人们，因为城市的影响可以波及范围广大的人口。同样，并非所有生活在城市中的人都会为其非个人化的例行常规所吞噬，那些来自农村地区的移民或许对他们往昔的生活方式抱有强烈的感情，甚至长期保持着农村生活方式的某些

---

[1] 韦尔斯，同上，第13页。

特征。而且，韦尔斯并不认为他所描述的那些特点囊括了城市生活的所有特征，它们充其量也只是一种最低限度的说明。他之所以坚持这一点，部分在于他希望提出一种可以适用于广大范围的城市理论，而不仅仅局限于现代社会的都市。

韦尔斯的观点和生态学的途径曾经受到多方面的批判。这里，我对它们的批判性评估将仅限于与本书更广泛的主题相关的那些方面，而且，我还将关注那两个观点中，如果得到适当的重构，在今天依然具有其有效性的那些方面。我的批判性评价可以归纳为以下四个方面，它们主要以韦尔斯的观点为基础。

第一，韦尔斯的理论并不像它标榜的那样具有普遍的适用性。这一理论主要以对 20 世纪二三十年代美国城市的观察为基础，因此，即使将它用于说明工业资本主义的都市，也都存在着明显的局限。当用它来分析前资本主义社会的城市时，缺陷则尤为明显。在考古学和人类学领域，对于前资本主义社会的城市生活，近来已出现了相当多的比较研究。对研究结果做出归纳尽管并非易事，但我认为，它们很大程度上证明了我前面提到的斯约贝格书中的"原则性假设"："无论从结构还是形式上看，前工业时期的城市——不论它是在中世纪的欧洲、传统中国、印度，还是别的什么地

98

方——彼此都极为相似，但与现代工业化城市却明显不同。"① 在前面三四页处，我们曾谈到了前现代城市所表现出来的明显不同的特征。与庞大的现代都市相比，传统城市一般极为紧凑、筑有城墙，在仪式和交易区的四周，存在一些稳定的区域分布。

第二，任何认为有关城市的普遍性理论只要以城市自身的特征为基础的想法——就如韦尔斯的做法那样——都是错误的。城市所表现和包含的只是更广泛社会——城市仅仅是这个社会的一部分——的某些方面。这一评价与前面一点密切相关。在前资本主义社会，城市生活的某些方面与乡村生活并行不悖。不论在城市还是乡村，传统都有着巨大的影响，哪怕是在那些具有普世主义精神的精英中也都如此，大部分人际关系都是私人性的，而不是像韦尔斯所描述的那样，是一种非个性化的类型。但另一方面，城市与乡村之间的对比又比现代社会还要明显。的确，正如我稍后将会指出的那样，在当代社会，这种对比实际上已失去了任何意义。城市并非仅仅存在于前现代社会中，从它们与乡村所形成的各种复杂关系来看，它们对前现代社会的整体组织形式有着重要的影响。在考古学和人类学文献中，城市——文明——国家这组概念几乎可以不假思索地被看作是同义词。在现代

---

① 吉迪恩·斯约贝格：《前工业社会的城市》，第5页。

社会，这种有关城市的一般性原理同样有效。也就是说，只有从作为一个整体的、更广义的社会出发，城市的特征才能得到恰当的分析。因此，城市既是整个社会制度的一部分，同时也对后者产生重要的影响。但是，与前现代社会的城市相比，今天的城市有着极为不同的特征，它们反映了资本主义来临所造成的各种深刻的社会变迁。

99

第三，韦尔斯尽管旨在提出一种适用于所有社会类型的城市理论，但在他的架构中，却包含了工业社会理论的某些可疑因素。正如我前面所说的那样，工业社会理论，不管它以何种面目出现，总是通过一种二分法的观念来理解社会变迁，在"传统"社会与"工业"社会之间进行比较。不管它们是否明确使用了"工业社会"术语，这种二分法观念在社会科学中都发挥着重要的影响。最广为人知的一个例子，就是德国思想家费迪南德·滕尼斯（Ferdinand Tönnies）在本世纪初提出的观点。他所讨论的是社会从共同体（Gemeinschaft）向联合体（Gesellschaft）转化的一般过程。共同体对应于韦尔斯所说的小型社会，或者说"整体社会"，这是一种由"自主的自我表达"所支配的社会。联合体则包含了非个人的、工具性的社会关系，而且随着现代大型社会的发展，它越来越取代了共同体。韦尔斯在分析城市生活的过程中，吸收了滕尼斯的某些观点，同时也吸收了其他一些人，尤其是格奥尔格·西美尔（Georg Simmel）的观点。在他手里，城市是具有某种发展倾向的东西——因为在当代社会，城市越来越处于优势地位——但是，他更重视的是，把它解释成城市与乡村的对比。然而，韦尔斯在这样做的时候却产生了一种双重限制。其中之一我刚刚提到过，那就是从总体上看，把联合体与城市等同是行不通的，因为前现代社会很大程度上完全不同于当代社会的城市。同时，如果把韦尔斯对城市的看法与马克思主义对城市的总体看法进行比较，前者也将受到有力的批判。实际上，近 100 年来有关当代城市研究的某些最重要贡献都来自马克思主义者的晚近作品。这些贡献有助于我们厘清为什么韦尔斯所得出的城市生活的某些因素，实际上只是当代社会特有的现象。

都市与资本主义

我们应当如何刻画前现代城市与资本主义都市之间的性质差异？我已经强调过，对于这一问题的回答，必须把都市与更广泛的社会背景联系在一起，从资本主义的形成和发展所带来的整体社会变迁的角度进行理解。在前资本主义社会，城市是国家权力的中心，同时也是范围有限的生产和商业活动的中心，绝大部分人口所从事的都是农业活动。随着资本主义的出现和工业资本主义的巩固，发生了农村人口向城市地带的大规模转移。但是，这种现象本身也是城市性质深刻变化的结果，并为后者所进一步推进。在 18 世纪晚期英国工业资本主义的最初发展过程中，我们可以发现，早期的大多数制造业中心并不是建立在已经发展起来的大城市中间。在城市的扩张方面，曼彻斯特表现得最为引人注目。1717 年，它还是一个人口仅为 1 万的小镇，到 1851 年，它已经变成了整个兰开夏郡（Lancashire）的制造和商业中心，并且拥有 30 万人口。到 20 世纪初，它的覆盖范围更是扩及周边的许多城镇，人口达 240 万之多。这些资料显示，在 18 世纪晚期和 19 世纪，推动城市扩展的动力明显不同于此前的因素。但是，这些资料并没有揭示新型都市所隐含的独特特征。

通过马克思所说的"商品化"概念，我们或许可以对当代都市的特征及其与资本主义发展之间的关系做出解释。在谈到奥菲对资本主义国家的解释时，我们已经提到过这个概念。根据马克思的观点，商品化是分析资本主义社会秩序的基础：它指的是，为了谋求利润，商品买卖活动（包括劳动力的买卖活动）成为资本主义企业的全部内容。因此，当发现商品化延伸到人类生活的每一个角落时，我们一点也不必感到奇怪。通过考察资本主义社会的空间商品化，我们可以理解现代都市以及与都市联系在一起的社会生活方式。在前资本主义社会，各种社会类型之间尽管存在着很大的差异，但不论在城市还是乡村，土地和房屋都或者不可转让（alienable），或者转让受到诸多限制（"转让"在这里的意思是，通过某种支付方式，财产可以从一个人手里转移到另一个人手里）。但是，随着资本主义的到来，土地和房屋成102了可以自由转让的东西，就像市场上可以随意买卖的商品一样。

　　空间商品化与整个资本主义生产体系的物理环境联系在一起。它具有如下几方面的含义：

　　（1）资本主义都市是一种"人造的空间"（created environment），[①]它消除了以前存在的城市与乡村之间的差别。在前资本主义社会，城市与乡村之间维持着一种相互依赖的关系，但两者之间也存在着明确的界线。但在资本主义社会，工业已经超越了城乡之间的划分。农业已经资本主义化和机械化，并且与其他生产部门一样受相同社会经济因素的支配。与这一过程相连，在社会生活方式方面，城市与乡村的差别也变得日渐模糊。就空间已经成为一种社会现象，而不纯粹是一种物理环境而言，"城市"与"乡村"的差别也消失了。取而代之的是"人造环境"（built environment）

---

　　① "人造的空间"，是吉登斯现代性思想的重要方面，指的是启蒙运动以来，人类对自然环境的干预已经完全改变了自然本身的特性，自然空间完全为人类所支配。但在吉登斯看来，人造空间并不是一种理想的生存环境，它里面也隐含了各种各样的人为风险。——译者

与"开放空间"（open space）之间的差别。①

（2）在所有前资本主义社会，人类生活都非常贴近于自然，在许多文化中，人们还以一种与西方完全不同的方式走进大自然，在自然的怀抱中生生息息。但是，在资本主义社会的人造环境中，人类生活已经与自然完全分离开来了。这种情况首先出现在资本主义的工作场所中，在那里，工作任务的性质以及工厂或办公室的物理环境已使人远离了土壤、天气和四季轮回等自然现象。那些位于商品化的城市空103间中的工作场所，则更使人远离了自然。如今，我们绝大多数人的大部分时间都是在一种完全人造的背景中度过的。

（3）影响城市区域分布的现象与资本主义社会的总体特征有关，同时也为这些特征增添了更多的维度。这种说法听起来是一种老生常谈，但从最近一些受马克思主义影响的有关城市问题的讨论来看，它却有着重要的意义。有些作者坚定地认为，根本不存在"城市社会学"这样一门学问，至于其理由，则与我上面提到的这两点有关。他们认为，如果人造空间是资本主义社会的基本特征的话，那么，我们对前者的认识也就可以直接来自于对整个资本主义社会的认识。其实，我对这种观点颇有同感，因为我在前面几章所讨论的

---

① 大卫·哈维在《社会正义与城市》（David Harvey, *Social Justice and the City*, London, Arnold, 1973）一书中以一种饶有兴趣的方式讨论了这一点。

现象都与"都市"转变成"人造环境"直接相关，如资本主义的生产、阶级冲突和国家等。

但是，尽管如此，我们仍然必须建立某些可以分析资本主义都市的概念，以表明它与整个资本主义社会之间的关系。雷克斯（Rex）建构的所谓"有房阶级理论"（theory of housing classes）[①] 正是这一努力的表现。他的目的是要对城市的区域组织和城市的成长提出一种比芝加哥学派更有说服力的解释。生态学途径把生态过程看作是城市周边环境特征的决定性因素，但雷克斯强调指出，这是一种过于机械的观点。在他看来，应当适度承认城市定居者主动影响其生存环境的能力，借以取代生态学的观点。由于他的分析主要是以英国的材料为基础，因此，这对芝加哥学派以及其他大量的城市研究产生了一种有效的制衡作用，因为后者过分依赖于对美国的研究。

雷克斯的研究起点是 19 世纪英国工业定居点（industrial settlements）的迅速发展，尤其以伯明翰的发展作为研究案例。在这些定居点发展的早期，直接影响居民分布模式的主要是雇主的需要。工厂主和地方名流的房子通常都建在靠近重要设施而又能避免工厂烟尘的地方。尽管小型

---

① 参阅约翰·雷克斯和罗伯特·摩尔：《种族、社群与冲突》（John Rex and Robert Moore, *Race*, *Community and Conflict*, Oxford, Oxford University Press, 1967），以及雷克斯的其他著作。

工业在生产中仍扮演了重要的角色（至少在19世纪是如此），雇主们很大程度上已不必再为工人们提供住宿之所了。但是，他们却越来越普遍地为工人们兴建宿舍，有的只是为工人们搭建一些简陋的工棚，但大部分都建立起一排排的可供工人家庭居住的宿舍，它们分布在工厂的周围或铁路的附近。在这些居住区中，传统农村的社区生活要素已经荡然无存了，尽管其中的确迅速成长起某些截然不同的社区文化。

在19世纪晚期和20世纪早期，住房方面的"直接阶级划分"已然消失，工业、人口和城市区域的迅速扩张为这种消失提供了背景。但是，其中也存在着一些其他的、更为特殊的因素。由于雇主对住房的供给造成了资本的停滞，否则，他们完全可以进行其他投资以获取更多的利润，同时，这种住房供给制也限制了雇员的流动性。更为重要的是，随着阶级体系的进一步分化，技术工人和白领工人要求有比旧式工人宿舍更好的居住条件。因此，工作的供给开始与住房及其他公共设施的供给分离开来，后者逐渐成为各种规模不一的专业建筑公司的任务。这种住房——通过抵押购买的方式——通常为居住者自己所拥有。

因此，自20世纪早期以来，房屋市场得到了发展，这种市场一方面与工业和金融资本联系在一起，另一方面，也与劳动市场联系在一起。只有在这种条件下，我们才可以理解芝加哥学派研究者们所提出的有关人口迁移和区域隔离（neighbourhood segregation）的"生态学"主张。按照雷克斯的观点，这些都是居民争夺稀缺而热门的住房所导致的结果，这种结果把居民聚集成各种类型的"有房阶级"。在大城市，我们可以分辨出几种有房阶级。它们包括：在热门地段以一次付款方式购买房屋并居住于其中的人们；通过抵押贷款方式"拥有"其房屋的人们；在不那么热门的地段以其他抵押方式拥有其住所的人们；向私人租屋居住的人们；生活在由国家所提供的出租屋中的人们。在许多城市，那些最富有的有房阶级已经搬离了城市中心而生活在内城外围的宜人地区，或者有时根本就远离了市区。那些更不富有、通过抵押贷款而拥有其房屋的人也试图搬离中心区域，从而形成了一股不断往郊区扩展的驱动力。在工人阶级中，除了某些有特殊技能的劳工群体外，大部分都生活在国家所有的出租屋中，这类住房通常非常靠近城市中心。

全面普及国家供给的住房是工人运动所要争取的目标之一，这些运动前面各章已经描述过。在许多国家，社会主义政党或工人党已经采纳了这种旨在开发和维持这类住房的主张，尽管它一般是由私人承包商所承建。在雷克斯看来，公共住房的资格限制和抵押贷款的担保限制（securing of mortgages）是住房领域阶级斗争的两大主题。大部分人都希望拥有自己的住房，而且只要可能，他们也会尽可能去获得抵押贷款。那些工作稳定而且报酬丰厚的人们，尤其是那些从事白领工作的人们，则既希望将其相当一部分收入投资在抵押货款上，同时又希望能够获得抵押贷款。公共住房领域同样存在着斗争，因为供应始终跟不上需求。那些能够获得公共住房的人总是倾向于捍卫或扩大这种分配体系，以便他们所租住的房屋能有长久的保障。

在城市阶级斗争中，那些生活在公共住房中的人们并不是最不利的一方。与他们竞争的是一些既无法获得抵押贷款、又无法获得公共住房的群体。因此，他们被迫去租住私人的房屋，这使他们经常处于一种被肆无忌惮的房主所操纵的不利地位，因为他们无法享受到公共住房中的居民所能享受到的租金限制或保护等权利。这些群体一般生活在芝加哥社会学家所谓的"过渡地带"（zones of transition）：一些处于内城商业和娱乐区边缘的破旧区域，或者说贫民窟。在过渡地带，大部分个体都生活在狭小、拥挤的公寓或宿舍中，同时，它往往也是新移民的必然聚居地。在这些区域，那些遭受种族歧视的移民或许并不像其他群体那样感觉游移不定。这在美国的城市中表现得最为明显，在那里，或多或少地形成了某些永久性的少数民族聚居区（ghettos），当然，在少数其他国家，同样存在着类似的现象，少数种族群体与城市的大部分人口明显区别开来，只是程度比美国稍轻而已。从第一次世界大战的前几年开始，随着自南向北的移民潮的出现，美国的黑人定居区也得到了发展。[①]在城市区域，黑人与白人的流动方式存在着明显的差别。白人的流动通常是远距离的：通常是从城市的某个区域搬迁到另一个相去甚远的区域，或者从一个城市搬迁到另一个相去甚远的城市。但是，黑人的流动总体来说是近距离的。正如"20世纪五六十年代白人向郊区的逃离"所描述的那样，这种对比后面反映的实际上是内城区域不断破败的事实。既然移民聚居区从某种意义上说是一些稳定的区域，而且这些区域的文化也与周边区域存在着明显的差别，种族隔离与空间隔离从而形成了契合。[②]在城市移民区内部尽管有着较高的个人流动性，但是，这些移民区总体上日益趋于稳定，这种情况给希望逃离这些区域的个体造成了可怕的难题。当然，这些区域也可能成为新型城市抗议运动的渊薮，并因而建立起某些在其他较富裕的区域无法得到有效发展的群体互助关系。

在我看来，这种以雷克斯的理论为基础而延伸出来的论证本质上是正确的。从住房市场中的群体斗争的角度分析城市的区域分布，这种做法强调了资本主义社会　些具有普遍重要性的因素。然而，我们还必须进一步提出几点说明。我　108

---

① 参阅梅耶和拉德维克：《从种植园到聚居区》（A. Meier and E. M. Rudwick, *From Plantation to Ghetto*, New York, Hill & Wang, 1966）。

② 参阅杰拉尔德·萨特勒：《贫民窟的社会秩序》（Gerald Suttles, *The Social Order of the Slum*, Chicago, University of Chicago Press, 1968）。

不认为像雷克斯那样讨论"有房阶级"具有什么特别的作用。如果认为城市冲突与工业领域的冲突一样都是长期而尖锐的斗争，认为房屋市场具有自身的特征，因而不能直接化约为后者，这些想法无疑是正确的。但是，与其把城市斗争看作是"有房阶级"与阶级体系的其他部分之间的斗争，还不如把它看作是特定社会阶级结构的总体特征的表现。这样，我们就可以把不同的区域组织形式和不同的生活方式看作是阶级划分在某些方面得到了强化，并与其他方面割裂开来。以抵押贷款为例，就稳定的白领阶层在抵押贷款方面具有压倒性优势而言，贷款可得性上的差异可能进一步强化了体力与非体力工人之间的差异。同样，当居住方面的分区模式把某些群体与本地工人阶级隔离开来，使他们遭受种族歧视时，这种情况也可能成为整个工人阶级内部分裂的重要根源。

雷克斯的分析主要以英国的材料为基础，因此，正如他自己所认可的那样，在进行总结的时候我们必须慎重，必须把它与对美国的研究区分开来。在美国的大部分大型城市，内城的破败程度比欧洲要严重得多。这种情况之所以发生，部分归功于欧洲城市规划的影响，同时也与这些国家广泛提供的公共住房有关。如果想要对这些变量进行详细的考察，那么，我们就必须对国家、工商业资本和居民行为三者之间的不同互动模式加以认识。不难看出，在这一方面，奥菲对

国家的讨论具有重要的意义。因为在现代都市，促进空间商
品化的因素通常被非商品化的过程所抵消。公共住房的供
给、城市规划、租金和投资的控制以及公共设施（如公园、
休闲娱乐设施）的供给等，都是非商品化过程的表现形式。

　　前面几页所描述的都市特征到底在多大程度上为资本主
义社会所专有？它们又在多大程度上为所有达到一定工业化
水平的现代社会秩序所共有？这是一个非常重要的问题。无
疑，它是本书早先提出的一个更广泛议题的一个方面，即无
论工业社会的起源和发展轨迹有多大的不同，它们之间是否
存在着共同的特征。

　　近年来，东欧出现了大量有关城市组织的研究，它们至
少在某些程度上探讨了这一问题。研究发现，在东欧的都市
中，根本没有发现雷克斯所分析的几大主要特征，或者即使
发现了，也是以一种明显背道而驰的方式出现的。在东欧，
城市土地绝大部分为国家所控制，房屋市场所受到的限制也
比西方国家严重得多。住房的兴建或者由直接属于政府机构
一部分的公司来承担，或者由那些必须时时接受政府督导的
公司来承担。决定个人居住在什么地方的因素主要不是个人
支付能力的大小，而且在城市与城市或者地区与地区之间的
自由流动问题上，他们也没有完全的自由。斯泽里尼
（Szelinyi）曾经谈到过一位在匈牙利研究住房问题的同
事，他经常与后者交换资料和研究心得。那位同事在读了斯

泽里尼的研究报告和相关建议后，以一种充满疑惑的口气问
道："你是在建议人们应该居住在他们自己想要居住的地方
吗？"这种想法让他感到奇怪和不安，因为如果人们完全按
自己的意愿选择自己想要的房屋类型和地理位置的话，那政
府计划人员又该干些什么呢？[1]

　　当然，在所有西方社会，中央和地方政府也负有调节各
类住房发展和区域规划的任务，它们在某种程度上也有城市
规划。但是，这种调节和规划的范围、性质却允许房屋市场
在保证个体迁徙相对自由的条件下蓬勃发展。在西方，由价
格和支付能力所决定的决定，在东欧则是由城市政府来决
定的。

　　在对匈牙利进行研究并与其他东欧国家进行比较的基础
上，斯泽里尼以一种系统的方式阐明了东西方城市的差别。
在匈牙利，战后的住房重建计划是建立在这样一种假设基础
上的：房屋不是商品，因此，房屋的租金也不必与其质量相
关联。它认为，租金必须是家庭开支中的极小部分，家庭
（而不是个人）应当有权得到住房而不必考虑其支付租金的
能力。

　　由此形成的结果是，在住房类型的分配和城市区域的分

---

[1] 伊万·斯泽里尼：《国家社会主义下的城市不平等》，第 14 页（Ivan Szelinyi,
Urban Inequalities Under State Socialism, New York, Oxford University Press,
1983）。

布上，东欧城市与大部分西方城市之间存在着实质性的差异。那些由私人建筑商所开发的房屋以及那些在市场上可以自由买卖的房屋（占房地产市场的很小一部分），大部分落入了低收入群体之手。那些有着较高地位的群体，如政府官员或专业人员，则居住在由国家所拥有和维修的公寓中。因此，在那些必须为其住房支付费用的人当中，越是富有的人则越不愿付费，那些社会经济地位较高的群体支付的费用较少，但他们的住房条件却极为优越。这种情况之所以产生，主要是由于有利于政府官员的信用和交易政策所致，同时，也是由于高收入群体或多或少接收了战前遗留下来的高级住房所致。

111

在资本主义社会，城市区域带（neighbourhood zones）主要是通过房屋和土地的市场价值而发展起来的。相反，在东欧，则主要是在行政决策的强烈影响下发展起来的。当然，这并不意味着雷克斯所说的有房阶级之间的巨大差异在东欧就不存在了，而是再一次表明，那里的分配机制与大部分西方城市存在着明显的差异。那里也存在破败的区域，但这些区域并不像西方社会（尤其是美国）那样，分布在城市中心的周围。市中心的土地大部分为国家所掌握，而且市中心周围一般都是些高档住宅区，过渡地带处于更远的外围。从所有权的性质和房屋的风格角度衡量，东欧的城市区域比西方城市有着更大的同质性。

这些发现进一步证实了我前面提出的论点，即城市区域和房屋类型的分化并不是一个"自然的过程"，而是与社会组织这一更广泛的维度联系在一起。同时，断言在所有现代城市，根本不存在什么过程可以影响城市生活的发展，这种说法也是没有道理的。如西方城市一样，东欧的都市与传统城市同样存在着明显的差别。正因为如此，在本章的结尾，我们必须回到一个更为一般的层面上去。

都市与日常生活

112　　在考察城市的总体特征时，韦尔斯所提出的"都市是一种生活方式"的主张尽管存在其严重的局限，但它的确阐明了现代都市的某些重要方面。我们或许可以作如下的最佳表达：现代城市的出现创造了一种与传统社会截然不同的日常生活背景。在传统社会，风俗（custom）有着强大的影响，即使在城市，大部分人的日常生活也呈现出一种道德的性质，例如，把日常生活与个人所面临的危机和关键时刻（transition）——如疾病、死亡和代际循环等——联系在一起。同时，传统社会也存在着以宗教为基础的道德框架，它们提供了应对这些现象的既定模式，并以一种符合传统的方式消解它们。

传统行为模式的瓦解过程是复杂多变的。毋庸置疑的是，现代都市扩张所形成的日常生活模式迥异于此前社会所盛行的生活模式。这里，列斐伏尔（Lefebvre）阐述的观点似乎存在其有效性。他在谈到这种特殊"日常生活"的出现时说道，它具有一种强烈的例行化特征，它被剥夺了道德的意义，也被剥离了"生活的诗意"。在现代社会，日常生活所从事的大部分行为都表现出强烈的功利色彩，这种色彩不仅体现在我们所穿的衣服上、所遵循的常规上，而且体现在我们生活和工作于其中的大部分建筑特征上。相反，用列斐伏尔的话来说，"在印加、阿兹特克、古希腊和古罗马，每一样事物（如手势、文字、工具、器皿、衣服等）都承载着'格调'（style）的印记，没有哪件事物会变得如此陈腐不堪……生活的平凡与诗意融为一体。"资本主义的扩张造就了一个"平凡的世界"，它把经济的、工具性的和技术性的东西置于首位，而把"任何涉及文学、艺术、客体以及一切诗意的存在驱逐得无影无踪"。①

　　如果把列斐伏尔的观点看作是对前现代社会所做的不切实际的浪漫描绘的话，那将是一种大错特错。他的目的在于说明，那种以道德为基础的传统以及那种丰富得多的人类存在是如何被狭隘的例行生活所取代的。在使现代世界的日常

113

---

① 亨利·列斐伏尔：《现代世界的日常生活》，第 29 页（Henri Lefebvre, *Everyday Life in the Modern World*, London, Allen Lane, 1971）。

生活变得空洞而陈腐方面，存在着两个特别重要的因素。其一与现代都市的"建筑环境"中所特有的空间商品化有关。其二则与某些社会研究人员所说的人类活动和经验的"隐退"有关，在前现代社会，这些活动和经验不仅可以得到充分的展露，而且还是群体社会生活的内在组成部分。

例如，把犯人关进监狱以惩罚其过错的做法，仅仅是过去两个世纪才发展起来的事情。当然，中世纪也有监狱，但它们主要是用来关押被宣判以前的嫌疑犯或者负债者。严重犯罪行为一般都是通过流放、绞刑或肉刑等方式予以惩罚，而不是把他们关进监狱。[①]在过去两个世纪里，广泛兴起的不仅仅是监狱，同时还表现在精神病院和医院上，而且两者之间还有着明确的区分。隔离指的是把那些威胁日常生活连续性的现象，如犯罪、疯癫、疾病和死亡等，从日常生活中清除出去。大多数人的日常生活流已经与上述现象以及深受那些现象影响的人隔离开来了，"平凡的生活"以及以工具性目的为导向的例行活动得到了进一步的扩张。

这些观察结论表明，社会的整体组织方式与私密的日常生活之间有着密切的联系。社会学的最重要贡献之一在于，

---

① 米歇尔·伊格内蒂夫：《刑罚的公正尺度》(Michael Ignatieff, *A Just Measure of Pain*, London, Macmillan, 1978)。

它使人们能够理解这种联系的性质。因为，在我们的体验中，即使是最具私人色彩的东西，实际上也形塑着那些乍看起来极其遥远的事物，同样，前者也为后者所形塑。这一点将在下一章有关家庭与性别的讨论中得到进一步的阐释。

第六章　家庭与性别

　　20 世纪五六十年代，在工业社会理论成为社会学分析的主流框架的背景下，社会学文献中有关家庭发展的解释也盛行着一种特殊的方式。粗略地说，这种解释方式大致可以表述如下：在工业革命之前，家庭深陷于庞大的亲属关系（"扩大型家庭"）之中，成为经济生产的中心。然而，在过渡到现代工业社会以后，家庭已不再是生产的单位了，庞大的血缘关系也越来越趋于瓦解，"扩大型家庭"（the extended family）越来越为"核心家庭"（nuclear family）所取代，后者主要由双亲及其直系子女所组成。正如一位观察者所说的那样："与以前相比，家庭已经成为一种更加专门化的组织，它可能比以前任何已知社会的家庭都更加专门化。"①然而，包括帕森斯在内，大部分学者都认为，即使在现代社会，家庭（以及婚姻）仍然具有其连贯的意义。核116 心家庭依然是生儿育女的基本单位，而且与以往相比，它更是家庭成员获得情感支持和满足感的地方。

近年来，这种观点已经遭到了强烈的攻击：事实上，由于受到的攻击是如此之多，以至这一理论的某些方面现在已变得完全不被接受了。由于受过去十多年间时代发展趋势的影响，家庭领域的社会研究也发生了相应的改变。在现代以前，由于有关家庭关系的史料并不充分，上面所说的那一种观点从而也显得相当粗糙。一些家庭史研究者指出，从某种程度上说，以前一些学者所提出的观点是相当可疑的。此外，还存在另一种对当前家庭研究造成重大影响的思想，我指的是女权主义思想，这一思想的某些成份曾经受马克思主义思想的广泛影响。

家庭结构的变迁

无疑，在 17 和 18 世纪资本主义发展以前的西欧，家庭通常是生产的单位。也就是说，生产活动通常发生家庭内部或者邻近于家庭的区域，而且包括儿童在内，所有家庭成员都参加生产劳动。但是，资本主义生产方式的出现——即使

---

① 塔尔科特·帕森斯："美国家庭"，载塔尔科特·帕森斯，R. F. 贝尔斯：《家庭、社会化和互动过程》，第 10 页（T. Parsons and R. F. Bales, *Family*, *Socialization and Interaction Process*, London, Routledge & Kegan Paul, 1956）。

在大规模工业企业出现以前——通过把家庭成员分别纳入到劳动市场中而改变了这种状况,随后出现的家庭与工作场所的普遍分离实际上是这一发展过程的顶点。

但是,如果认为这些变化因此瓦解了以前存在的宗族家庭体系的话,那就错了。历史研究表明,在大部分西欧社会,在早期资本主义形成以前的几个世纪里,家庭形态就不断朝着原子化的方向发展,而不是宗族家庭——当然,庞大的血缘关系在某些方面有着比今天更为重要的意义。有些地方的家庭组织之所以比较庞大,那是因为里面包含了很多仆从。事实证明,资本主义发展与家庭生活特征之间有着比前面观点所描述的更为复杂的关系。举例来说,早期资本主义企业所雇用的通常是整个家庭,而不是单个的个人,这与儿童与成年人一样必须参与到生产劳动中去的传统观点相符。当然,这导致残酷的儿童剥削,使他们必须在矿井或工厂等悲惨的条件下工作,但如果把这种情况仅仅归结为雇主的贪婪,那恐怕也未必符合事实。实际上,整个家庭被雇用的做法很受那些来自农村的家庭的欢迎,在农业生产过程中,他们是所有家庭成员都投入生产的。导致家庭经济独立体崩溃的动力很大程度上来自雇主本身,同时也与禁止使用童工的自由主义法律有关。最后,也是最为重要的一点,当今主流家庭形态的出现很大程度上是资产阶级家庭的影响所致,它们"向下扩散"所造成的影响远甚于资本主义对雇用劳动者所造成的直接影响。

斯东（Stone）对英国家庭生活发展所做的分析尽管受到了不少的批评，同时也的确存在不少有待修正之处，但是，他对家庭形态的变迁提供了一种有益的分类。[①]他把从16世纪到19世纪早期之间的二百多年的家庭发展划分为三个主要阶段。在16世纪以及此前的许多年里，占主导地位的主要是他所谓的"公开的世系家庭"（Open lineage family）形式。这种家庭虽然主要以原子式的家庭为核心，但它被镶嵌在范畴更广大的社区组织中，其中包含了来自不同亲属关系的成员。就像社区组织中存在的各种关系一样，家庭关系也截然不同与往后的时代。在那一时期，无论从阶级体系的哪一个层次来说，婚姻都不是情感寄托或终身托付的核心。斯东指出：

> 在传统的知识看来，幸福只存在于彼岸世界，而不是此岸世界，性生活并不是一种乐趣，而是一种建立在种族繁衍基础上的必要的恶。无论在什么时候和什么条件下，个人选择的自由都必须屈从于他人的利益，无论这个"他人"指的是世系、父母、邻里、教会还是国家。至于生命本身，它也是不值得一提的，死亡无时无

① 劳伦斯·斯东：《英国的家庭、性别与婚姻：1500—1800》（Lawrence Stone, *The Family, Sex and Marriage in England 1500‑1800*, London, Weidenfeld & Nicolson, 1977）。

地不窥伺在你的周围。对生的期待是如此低落以至对他人的任何情感依赖都成为一桩极其不明智的事情。①

这里，作者可能过分夸张了他的看法，至于婚姻关系、亲子关系到底在多大程度上缺乏强烈的情感联系，这在历史学家当中至今仍是一个存在争议的问题。但无可置疑的是，浪漫的爱情只盛行于彬彬有礼的上流社会圈子中，它与婚姻和家庭之间不存在什么关联。

在丈夫与妻子之间或者父母与子女之间不存在什么特别深厚的感情，这似乎的确是一种普遍真实的情况。②婚姻关系开始并不是以个人的选择为基础。在上流社会，婚姻通常被当作是维护财产继承权的一种手段，或者被当作是获得其他经济或政治利益的一种工具。对农民或手工业者来说，婚姻则是经济上得以生存的一种必要手段，正如上流社会所出现的情况那样，地位较低阶级的结婚对象通常也是由其他人所选择的，而不是结婚当事人自己的选择。在家庭领域，情感亲密性的相对缺乏并不表明成员之间相应缺乏身体上的接

119

---

① 劳伦斯·斯东：《英国的家庭、性别与婚姻：1500—1800》(Lawrence Stone, *The Family, Sex and Marriage in England 1500 - 1800*, London, Weidenfeld & Nicolson, 1977)，第 5 页。
② 菲力普·阿蒂斯在《儿童的世纪》一书中对父子关系的长期变迁进行开拓性的研究，参阅 Philippe Ariès, *Centuries of Childhood*, Harmondsworth, Penguin, 1973。

触。相反，不管在哪一个社会阶级中，无论在家庭领域内部还是在家庭领域之外，绝大部分人都生活在一种私密性极度缺乏的环境中。只有在进入 18 世纪以后，当代资本主义社会所习以为常的隔间居住才逐渐变得流行。在这之前，有钱人的住宅尽管可能有许多房间，但它们一般都彼此相通，并没有另设走廊，仆从往往与主人同住一个房间，或者住在与主人毗邻的房间。农民或城市贫民所居住的房子一般都只有一到两个房间，即使是那些经济条件稍好的人，房间一般也是大家共同使用，而不是像后来那样根据各自的用途进行了明确的划分。正如阿蒂斯所指出的那样，只有在进入 18 世纪以后，家庭才开始"与社会保持一定距离，才开始把社会置于一个稳步扩大的私人生活领域之外"。[1]那些稍微有点钱的人开始以现代的方式来设计其房屋，他们不但增设了使私密性得以可能的走廊，而且还设立了与卧室分开的起居室。

按照斯东的描绘，在这些趋势出现以前，还存在着另一种家庭生活形式，尽管这种形式仅仅出现在特定的社会群体中。他以一种极其别扭的方式把它称之为"有限的父权核心家庭"（restricted patriarchal nuclear family），这种家庭形式从 16 世纪初开始，一直持续到 18 世纪开端。它很大程度上只

120

---

[1] 菲力普·阿蒂斯在《儿童的世界》一书中对父子关系的长期变迁进行开拓性的研究，参阅 Philippe Ariès, *Centuries of Childhood*, Harmondsworth, Penguin, 1973，第 386 页。

存在于社会的上层领域，并且是一种介于旧式家庭与某种类似于现代家庭之间的过渡形式。以前将核心家庭与其他亲属关系和群体联系在一起的忠诚纽带现在已遭到了削弱，取而代之的是对于国家的忠诚。在家庭中，男性首领的权力得到了进一步扩大，这体现在他在国家中所拥有的世俗权力上，从此以后，核心家庭越来越成为一种独立发展的统一体。

"封闭舒适的核心家庭"（closed domesticated nuclear family）的兴起构成了 20 世纪家庭组织的基础，这种家庭具有几个明显的特征，斯东把它们概括为"情感个人主义"（affective individualism）。尽管在不同的社会阶级中存在着明显不同的求爱方式，但婚姻关系的形成还是越来越以当事人的个人选择为基础。结婚伴侣的选择越来越受当事人对于情感或"爱情"的渴望的影响，同时，性爱与婚姻之间的关系准则也发挥了越来越大的作用。在父母与子女之间的关系方面，情感的内容也明显增多，同时，子女的"教育"也越来越受到重视。然而，这种家庭形式在社会上的盛行并不是一种单一的、没有受到挫折的进程，其中也存在着各种不同的逆流和脱节现象。

性别、父权制与资本主义的发展

121　　最近，女权主义者的论著已成为家庭社会学的最重要影响源之一，当然，它们对于其他领域的社会分析也有着广泛的意义。女权主义者侧重于分析父权制——指男性在家庭和其他社会环境中对女性所拥有的支配权——的起源。人类学的研究表明，所有已经得到深入研究的社会都是父权制社会，尽管在这些社会，男性支配的程度和性质存在着相当大的差异。然而，我这里并不想讨论父权的普遍性问题。①

前面一节所描述的家庭形态的变迁，形成了一些影响女性地位的相反趋势。一方面，在 19 世纪后半期以后，家庭与工作场所的分离已日益变得普遍，这一趋势促进了女性与家庭生活（domesticity）之间的联系。与此同时，还形成了一种相应的意识形态，它滥觞于阶级体系的上层，并向下渗透到其他阶级。对社会中的不同阶级的妇女来说，"女人的位置在家庭之中"这一观念有着明显不同的含义。在那些较为富有的阶层，他们一般雇用侍女、护士和仆人来料理家务。但对于中间阶级的家庭来说，相夫教子的任务却落在了妇女身上，这些任务不再被看作是"工作"，至少无法与支取薪水的生产活动相提并论。但对于工人阶级家庭中的大部分妇女来说，这一任务却异常繁重，因为她们除了必须参加

①　对于这一问题的深刻讨论，可参阅南茜·乔多诺的《母系的再生》（Nancy Chodorow, *The Reproduction of Mothering*, Berkeley, University of California Press, 1978），至于相关的人类学调查，则参阅巴巴拉·罗杰斯的《女人的家庭化》（Barbara Rogers, *The Domestication of Women*, London, Kogan Page, 1980），此书同时涵盖了对第三世界的广泛讨论。

工业劳动之外，还必须承担绝大部分琐碎家务。在 19 世纪和 20 世纪早期，从事"工作"——指获得薪水的工作——的妇女大部分来自农民或工人阶级家庭。[①]以英法两国的材料为基础，梯利和斯科特认为，除了纺织生产以外，妇女在制造业领域的就业率显得极其低下。在英国，即使到 1911年，大部分职业女性都是受雇于家庭或其他私人服务行业，超过 33％的支薪妇女是他人的佣人，16％的妇女所从事的是制衣工作，其中大部分又是在家庭中工作，而有 20％的妇女则工作于纺织工业。在法国，女性的就业情况也存在着极为类似的格局。

这些统计数据非常清楚地表明，在工业资本主义扩张时期，女性的就业机会通常集中在一些与她们过去所从事的传统事务比较接近的领域。实际上，这些领域的工作基本上完全为女性所垄断，她们的工资水平在相当程度上也低于男性劳工。然而，这些女性工人绝大部分都是单身未婚女性。在 1911 年的英国，单身未婚女性的就业率接近于 70％，已婚女性的就业率仅仅是 10％左右。但自那以后，女性的职业模式发生了相当大的改变，全职家庭佣人已经基本上消失，123 纺织工业也开始日渐萎缩。而其中最显著的变化则与前面一

---

① 参阅梯利和斯科特：《妇女、工作与家庭》(Louise A. Tilly and Joan W. Scott, *Women, Work and Family*, New York, Holt, Rinehart & Winston, 1978)。

章所描述的现象有关：那就是在发达资本主义国家，白领职业得到了相对扩张。这些职业与女性逐渐进入办公室和服务业工作是同步发展的。但是，这并不意味着生产体系中的两性关系已朝着越来越平等的方向移动。因为绝大部分女性工人都从事着一种单调的例行化工作，她们处于办公室或商店的权力底层，较诸男性工人，她们升迁的机会也少之又少。"办事员"这一职业的命运为这一现象的发展过程提供了恰当的说明。[①]在19世纪中期的英国，妇女在办事员职业中的比例不到1％。正如我前面所说的那样，在当时，办事员意味着一种受人尊重的职业，必须具有会计以及其他方面的技巧。以19世纪晚期打字机的引入作为开端，办事员职业逐渐被降格为一系列半技术化的操作，到20世纪，办公室工作已呈现出普遍机械化的趋势。在今天，大部分办事员都是女性，就如大部分店员是女性一样。

自第二次世界大战以来，在所有的西方国家，女性在劳动力队伍中所占的比例得到了显著的提高。其中尤其以已婚女性的增长比例最为突出。但是，尽管以前几乎专门为男性所占有的职业现在开始向女性开放，这也绝不是一种普遍的现象。我们只要将劳动力队伍中的女性平均收入与男性对比，便可以看出，女性工人的命运是多么的不如男性。

---

① 梯利和斯科特：《妇女、工作与家庭》，第72—73页。

表 6.1 是 1961－1972 年间的部分时期美国的统计数字。

表 6.1　从性别角度看，美国全职工人的收入

	平　均　收　入		女性收入占男性
	女性	男性	的百分比
1961	$ 3351	$ 5644	59. 4
1965	3823	6375	60. 0
1969	4977	8227	60. 5
1972	5903	10202	57. 9
1982	12001	20260	59. 2

数据来源：韦尔海默："寻求合作者的角色"，载查普曼（编）：《女性的经济独立》，第 188 页（Barbara M. Wertheimer，"Search for a partnership role"，in Jane Roberts Chapman（ed.），*Economic Independence of Women*，London，Sage，1976），以及《美国统计摘要：1984》（*Statistical Abstract of the United States*，1984）。

这些数据表明，女性与男性之间的收入鸿沟至少是难以改善的。在整个资本主义社会，这种现象并不在少数。甚至在那些官方政策比美国更积极鼓励女性加入劳动队伍的社会，如斯堪的纳维亚国家，相对于男性的收入水平，女性的收入依然不见得有明显的提高。当然，女性加入劳动力队伍其实只是盛行于当代资本主义社会的父权制关系的一个方面。无论在什么地方，女性在政治以及其他领域中的权力地位都没有得到充分的代表。更有甚者，她们还必须面对一种"双重歧视"的局面，因为她们依然必须负担起照料家务和

养儿育女的任务。

女权运动旨在抗议诸如此类的不平等，尽管大部分女权主义者承认，她们面临着极大的困境。人类社会普遍存在的父权制可以证明这一事实，它并不是一种由于资本主义的兴起而带来的现象。但是，非常明显，资本主义的发展除了与前面所描述的家庭形态的变迁缠绕在一起外，还与特定形式的性别支配存在着密切的关系。在性别区分（division）与阶级体系之间的确存在着明确的联系。妇女只能集中在某些报酬相对较差的职业，她们不但工作条件更差，而且升迁的前景也更渺茫，这种情况之所以产生，那是因为雇主和男性劳工的态度的影响所致，同时也是因为妇女生育小孩而导致的职业中断所致。然而，从相当大的程度来说，妇女仍然必须面对这种状况，听天由命地使自己接受"家庭意识形态"（ideology of domesticity）的支配——即把婚姻和家庭置于经济报酬之上，尽管后者可以使她平等而充分地参与工业劳动。这是一个极为复杂的课题，女权主义学者对于这一问题也常常存在着不同的见解。在资本主义的经济背景下，工作方面的完全性别平等并不见得就是一个值得争取的目标。同样，只要性别剥削仍然植根于家庭之中，那么，资本主义工业劳动的改造和人道化也就未必能够保证一定可以消除这种剥削现象。

家庭、婚姻与性别

　　许多有关家庭方面的社会学著作认为，资本主义的发展与家庭规模的急剧缩小之间存在着某种关联。它们以目前成为世界人口爆炸主要发源地的第三世界国家的大家庭为依据，错误地描绘出一幅一般性图景——它们就像前资本主义时代的欧洲那样是一些子孙满堂的家庭。虽然规模庞大的家庭并不少见，但它们绝不是一种正常的现象。专门研究 17 世纪英法两国的历史学家表明，女性结婚的平均年龄一般在 23 岁到 27 岁之间。她们生育子女的时间受到了这一因素的限制，同时也受到了提早到来的更年期的限制。此外，伴侣当中一方的早死，以及极高的婴儿夭折率和儿童死亡率也会成为女性生育能力的限制因素。在通常情况下，富裕的人总比农民或手工业者拥有更大的家庭，那是因为，他们妻子结婚的年龄更低，而且在妻子亡故之后也能较快续娶。

　　无处不在的死亡现象是将前现代家庭及其日常生活与当代区分开来的一种引人注目的现象。与今天相比，那个时代的死亡率要高出好几倍，而且死亡也不是一种主要发生在老年人身上的事情。那些生活在城镇中的人尤其脆弱，因为他们缺乏必要的卫生设施和净水供给，从而极易导致慢性传染病的漫延。实际上，城镇并没有再生产出自身，它们的延续主要依赖于乡村人口的周期性迁移。正如我在本书第一章所说到的那样，在那时，人们的平均寿命非常短。大约有三分之一左右的婴儿在出生不到一年就夭折而去，在 17 世纪法国的小农阶级中，平均有一半左右的人死于 10 岁以下。年纪较轻的成年人同样无可幸免，与今天相同的年龄层相比，那时的死亡率也表现得极高。由此导致的结果是，较低阶级家庭的规模在任何时候都可能只有两到三个小孩，尽管儿童的出生数目要远远高于这一数字。在全部人口中，有超过一半以上的人年龄在 20 岁以下，只有为数极少的人才能活到 60 岁以上。

发生在 18 和 19 世纪的所谓"人口转型"（demographic transition）并不像家庭在代际组成方面所出现的变化那样，呈现出从大家庭向小家庭更迭的迹象。它表现为前述环境中出现的一种变化，即年轻群体死亡率的急速下降。平均结婚年龄呈现出下降的趋势，而且这种趋势一直持续到 20 世纪。19 世纪出现的人口爆炸并不是由于儿童出生率提高的结果，而是由于存活率提高和存活期增长的结果。前面所描述的那些既影响家庭的性质，又影响男性和女性在劳动力队伍中的相对地位的变化，使大家庭成了工人阶级的障碍。在传统生产方式中，儿童积极地参与经济活动，大家庭因此通常被人们所看好，但是，我们前面所提到的许多因素实际上又限制了家庭规模的扩大。当儿童不再参与工作，而且许多妇女也不领取报酬时，大家庭就变成了一种经济负担。避孕方法的进步使婚姻变得更加长久，这种婚姻建立在"情感个人主义"的基础之上，也与小家庭——这是一种一直持续到现在的基本家庭形式——的发展相协调。当然，这些现象的出现对妇女来说也具有极为重要的意义，因为在子女长大成人并独立生活之后，她们仍能获得20—30多年的属于自己的生活。

目前，在社会学家和一般的书报杂志当中出现的各种关于婚姻与家庭现状的争论，尤其是婚姻与性行为之间已经脱节的争论，往往缺乏充足的历史依据。在19世纪的欧洲，婚姻解体的现象就非常普遍，尽管这更多是由于死亡而非离婚所造成的结果。有些评论者认为，过去受"破裂家庭"影响的儿童的相对比例至少跟现在一样高。在晚近欧洲历史上的某些国家和某些时期，婚前性行为不论对男性还是对女性来说都是极为平常的事情，而且并不对其日后的婚姻造成障碍，在那个时候，私生子的比例至少跟现在一样高，甚至还高于现在。正如本书所要证明的那样，当代婚姻、家庭和性生活的发展趋势固然发生在一种极为不同的时空背景中，但显然，我们同样必须认识到，它们在某些方面并不像表面上看起来那么独特。

正如图6.2所抽样的各个国家所表明的那样，大部分西方国家的离婚率在过去二三十年间出现了急剧攀升的势头。在1950—1975这四分之一个世纪里，法国的离婚率上升了

40％，处于表格的底端，英国的离婚率则上升了400％，处于表格的顶端。我们在对待所有这些数字时必须持一种有所保留的态度。例如，它们没有包括那些未婚同居的人，或者那些未办理离婚手续的已婚人们。但不可否认的是，它们的确反映了西方世界的婚姻和家庭所出现的意义深远的变迁。一些人认为，它们反映了长期存在的核心家庭的解体。一些持保守立场的人则对这种现象持悲观的态度，认为这是社会道德责任感不断衰颓的表现。但是，另一些持完全相反观点的人则持赞许的态度，认为这是其他社会形态得以发展的征兆，因为在他们看来，家庭本质上是一种压制性机构。

表 6.2　1950—1980 年的结婚、离婚数量（以千为单位），
以及每百对婚姻中的离婚比例

	1950	1960	1970	1975	1980
法国					
结婚	331	320	394	387	334
离婚	35	30	40	67	91
每 100 对婚姻中的离婚率	11	9	10	17	27
英国					
结婚	408	394	471	429	418
离婚	30	23	62	129	160
每 100 对婚姻中的离婚率	7	6	13	30	38

	1950	1960	1970	1975	1980
美国					
结婚	1675	1523	2159	2127	2390
离婚	387	393	708	1026	1189
每 100 对婚姻中的离婚率	23	26	33	48	50

资料来源：迈克尔·安德森："家庭变迁的数量指标"，载安德森：《家庭社会学》（Michael Anderson, "Quantitative indicators of family change", in Anderson, *Sociology of the Family*, Harmondwsorth, Penguin, 1980），以及《联合国统计年鉴：1984》（*United Nations Statistical Yearbook*, 1984）。

从表面来看，仍有可能从现有的家庭制度中形成各种试验性的社会关系形式。但是，较之于家庭瓦解的观点，更加合理的解释或许是：当代的发展形势代表了"情感个人主义"的胜利，它已成为家庭生活的指导性原则。无须多少思考我们便可发现，离婚率的提升并不表示对婚姻状况和家庭本身的深度不满，而是表明人们对这些施受关系 (rewarding and satisfying relationship) 已经有了更高的要求。虽然离婚率达到了一个前所未闻的水平，但与此同时，再婚率也同样达到了一个极高的水平。为数众多的离婚者都进行过再婚。然而，就如本章开头所提到的那些现象一样，我的确不把这种现象仅仅解释为家庭是当代社会绝大多数人情感满足的唯一源泉。实际情况比这要复杂得多。家庭是各种社会变迁洪流的交汇点，它反映了社会变迁，也促进了社会变迁。这里，把对家庭的讨论与前面一章所关注的问题联系起来非常重要。当大部分人都在一种单调的、压制性的条件下工作时，在商品化的社会关系使日常生活变成一系列空洞的例行常规之后，家庭领域中的私人关系或许的确可以扮演个体逃避"无情世界"的避难所。但是，只要范围更广的社会缺乏深刻的转型，家庭就很可能变成相反力量——自由与压迫、希望与失望——的竞技场。

"情感个人主义"的兴起与性生活和个人成就之间的结合密切相关，不论这种结合是发生在正式婚姻关系之内还是之外。一些持激进立场的学者认为，资本主义的兴起和发展与心理上的性压抑有关。在他们看来，工业劳动所需的严格戒律，乃是通过个人对欲望的普遍压制而实现的，这可以在19世纪资本主义全盛时期的维多利亚风俗中得到最好的体现。根据这种立场——这种立场经常在20世纪60年代晚期的学生运动中以这种或那种形式得到广泛采用，性解放是使个体从资本主义的例行化工作和日常生活中获得全面解放的关键。本章我所讨论的材料表明，我们必须对这种立场抱怀疑态度。与对维多利亚时代虚伪的性观念所造成的有限的、暂时的侵蚀作用相比，"情感个人主义"似乎更是当代资本主义的根深蒂固的特征。最近，福柯曾以一种饶有兴趣

131

的方式对这一课题进行过大量的讨论。[1]他认为，我们应当明白的并非性压抑是如何起源的问题，而是我们今天为何会如此为性所累的问题，使性成为我们追求自我实现的焦点。我们所应当追求的是从性中解放出来，而不是经由性来获得解放。

家庭生活与新社会模式

有证据表明，初婚之时，大部分人——即使在那些离婚率最高的国家——都相信他们将会白头偕老。但实际情况却并不如此。今天，在正式登记结婚的人当中，有相当比例的婚姻持续时间极短。许多原先相信将会"白头偕老"的人发现，与大部分由于伴侣死亡而导致婚姻"破裂"的人相比，他们更早就开始过着独居的生活。考虑到离婚的人们可能还会结婚，那么，无论在什么时候，总是存在着相当数量的人要么过着独居的生活，要么作为单亲家庭的父母过着一种"结婚与离婚"（between marriages）的生活。

表 6.3 表明，在过去 20 年间的美国，单身个体的年龄分布曾经发生过某些变化。无论从单身个体的绝对数目还是

---

[1] 福柯：《性史》，第 1 卷 (Michel Foucault, *The History of Sexuality*, Vol. 1, London, Allen Lane, 1978)。

表 6.3　美国独居人口统计表

性别与年龄	人数（以千为单位）			百分比		
	1960	1975	1982	1960	1975	1982
两性	7064	13939	19354	100	100	100
14—24 岁	234	1111	1511	3.3	8.0	7.8
25—44 岁	1212	2744	5560	17.2	19.7	28.7
45—64 岁	2720	4076	4611	38.5	29.2	23.8
65 岁以上	2898	6008	7673	41.0	43.1	39.6
男性	2628	4918	7482	37.2	35.3	38.7
14—24 岁	124	610	841	1.8	4.4	4.3
25—44 岁	686	1689	3365	9.7	12.1	17.4
45—64 岁	965	1329	1784	13.7	9.5	9.2
65 岁以上	853	1290	1492	12.1	9.3	7.7
女性	4436	9021	11872	62.8	64.7	61.3
14—24 岁	110	501	670	1.6	3.6	3.5
25—44 岁	526	1055	2196	7.4	7.6	11.3
45—64 岁	1755	2747	2826	24.8	19.7	14.6
65 岁以上	2045	4718	6180	28.9	33.8	31.9

资料来源：《美国统计摘要：1984》。

从他们在总人口中所占的比例衡量，80 年代都要比 60 年代高得多。另一方面，在 1960 年，独居者中的最高比例分布在岁数较大的年龄层，但现在，这种分布已经不再那么明显了。在 24—44 岁的年龄层中，独居者的比例反而得到了显著的提升。

单亲家庭相对于结婚家庭的上升比例，与生活在单亲家

132

庭的小孩相对于生活在正式结婚家庭中的小孩的上升比例基本持平。美国的统计数据现在包括一项"未经正式结婚而组成的家庭"。因为这是一种创新，因此难以拿来与过去某个时期进行比较。但可以确定的是，在年龄较轻的层级中，未婚同居而过着正常家庭生活的比例已经显著提升——尽管与正式结了婚的群体相比，他们仍属少数。

尽管存在相当数量的人过着独居和单亲家庭的生活，尽管存在着为数众多的其他家庭形式，但无可否认的是，大部分人都是在一种"正统"的家庭背景中度过其人生旅程的。也就是说，他们是异性结婚家庭单位中的成员，并且与孩子生活在一起。

然而，对许多人来说，这仍然包括了两种与他们父母亲所熟悉的家庭生活有所不同的重要改变。一是在他们的人生旅程中，无论是在他们为人子女还是在他们为人父母期间，他们都可能在不同的时期偏离"正统"的家庭模式。也就是说，在童年和少年时期，他们可能首先生活在一个由父母和兄弟姐妹组成的家庭中。当然，也可能存在一些更不那么普遍的情况，他们可能出生在结婚夫妻中只有一方作为其亲生父亲或母亲的家庭，可能出生在未婚同居者双方或其中一方作为其父亲或母亲的家庭中，出生在结婚双方都不是其亲生父亲或母亲的家庭中（领养），或者出生在一个单亲家庭中。

二是儿童或成人对继父母家庭（step-family）的体验变得日趋重要。继父母家庭在我们前面提到的"人口转型"之前就已经存在，它是由于高死亡率所导致的结果。但是，现在有许多儿童是成长在一个父母双方中有一方为继父或继母的家庭中，同时，他们还跟已经分居或离婚的父母保持着正常的联系。无疑，现代家庭关系中最困难和最重要的课题就在于此。作为结果，今天的孩子在其随后的人生历程中，可能既是自己亲生父母的孩子，又是自己继父母的孩子。在美国，继父母家庭作为儿童家庭生活的主导形式已经相去不远了。

家庭既是深刻社会变迁的焦点，又濡染着由既定家庭组织模式所传承下来的价值。"继父母"概念——正如"破裂的婚姻"或"破裂的家庭"术语那么容易使人产生联想一般——有待于从其一直负载的反面含义中解脱出来，但同时，它又以一种特别尖锐的方式成为现代家庭生活的困境和张力的焦点。

第七章　资本主义与世界体系

135　　　根据我前面章节所提出的观点，从对我们切身家庭生活的考察转向对跨越全球的发展趋势的考察，该不会显得唐突。在我们的时代，没有什么会比发生在特定时空背景中的日常生活行为与跨越广泛时空范围的事件联系在一起更富有特色。我们这些生活在一个通过电话、无线电、电视以及公路、铁路和航空等方式进行即时交往的世界中的人们，可能难以理解前几个世纪的通讯和旅行为何如此的缓慢。与本书所分析的许多其他现象一样，人类对时间和空间的征服仅仅只能够追溯到18世纪中叶。在18世纪以前的欧洲，交通——同时也是唯一的通讯方式——几乎与过去世界历史上的任何时期一样缓慢，即使在那些建立起了先进道路系统的帝国，情况也莫能改变。在从罗马到巴黎这一段距离上，拿破仑所花费的时间几乎与恺撒一样长久。只有在1844年莫尔斯（Morse）在巴尔的摩与华盛顿特区之间首次成功地拍发电磁电报之后，通讯才开始与交通分离开来。莫尔斯电传了"上帝创造了什么？"（What hath God wrought?）文字，从而开创了信息传输的新纪元。

在这以前，远距离的交流依赖于人体在空间中的移动，按现在的标准衡量，速度也是奇慢无比。据估计，有将近三分之二的美国人在肯尼迪被刺事件发生的半小时之内就得知了这一消息。但在一个半世纪以前，当乔治·华盛顿在弗吉尼亚的亚历山大去世时，这一消息直到 7 天以后才首次刊登在纽约的报纸上。① 当然，从那个时候开始，空间移动也有了大幅提高。在分析这一现象方面，地理学家引入了一个简洁的分析模式，即"时空融合"（time-space convergence）。两个城市之间时空融合程度的比较，在 1780 年，例如，可以通过测算马车在爱丁堡与伦敦之间旅行的平均时长来达到，而在 1980 年，则可以通过测算飞机在这一旅程中的平均时长来达到。通过这种测算可以发现，这两个城市的融合程度提高了 2000％。可以说，在东京与伦敦之间的时空融合比例将会更高。①

这些现象与它们所隐含的实质意义一样有着重要的意义，那就是，我们绝大多数人都以一种前所未有的方式生活

---

① 参阅艾伦·R. 普雷德：《城市发展与信息流通》（Allan R. Pred, *Urban Growth and the Circulation of Information*, Cambridge, Mass., Harvard University Press, 1973）。

在一个彼此相依的世界上。我们面对的是一个"世界体系",这正是我在本章所要讨论的主题。

现代化理论及其批判

137　　我在第二章谈到了工业社会理论,把它看作是一种有关发达社会(工业社会)与世界其他地方之间关系的特殊观点——一种有关当代世界体系发展动力的特殊观点。这种分析方法通常也被称作是"现代化理论"。现代化理论与工业社会理论直接相关,因为这一理论的支持者认为,达伦多夫等人所做的分析基本上是正确的。也就是说,在它看来,工业主义本质上是一种进步和解放的力量,也正为如此,西方社会为"不发达社会"提供了一种发展范式。以这种立场为基础,进一步形成了两种观点:第一,第三世界中的传统社会不仅是低度发展(underdeveloped)的社会,而且是不发达(undeveloped)的社会,它们有待工业转型力量的冲击。第二,这些国家因此必须重蹈工业化国家所走过的老路,再生产出"工业社会"所取得的成就。

在学术领域,现代化理论依然存在着广泛的影响,尽管在各种猛烈的攻击声中,它不再像昔日那样得到广泛的支持。但重要的是必须认识到,自20世纪60年代以来,这种理论已经成为世界体系本身的重要组成部分。这是因为,这一理论赖以建立的某些假设已成为西方各国政府在与第三世界国家打交道时的基本出发点，同时也成为联合国、世界银行等发展机构所认同的主张。富裕工业秩序的基本特征既被看作是发展的"指标"，也被用来引导非工业化国家的政治和经济政策。①然而，其结果是使我们下面将会讨论到的恶化趋势进一步加剧，这种趋势使世界经济错位变得越来越严重。这是因为，现代化理论建立在一种错误的前提之上，在某种程度上，它为西方资本主义国家支配世界其他地方提供了意识形态辩护。

138

正如我在前面章节所说到的那样，工业社会理论存在着明显的局限，这使它与现代化理论形成妥协。但是，同样重要的一种观点是，工业资本主义乃是在与世界其他地方彼此分离的情况下发展起来的，正是这两种观点，受到了马克思主义者猛烈而有力的攻击。尽管在世界体系的形成以及当代世界体系的特征方面，马克思主义者内部存在着各种各样的争论，而且这种争论目前仍不绝于耳，但在某些问题上他们是彼此同意的。一是在现代历史的发展动力方面，在他们看来，正是资本主义生产方式中被马克思形容为"永不休止和永远扩张"的性质。二是（马克思本人并没有明确地指出这

---

① 参阅所谓"勃兰特报告"，威利·勃兰特等：《南与北：生存的纲领》（Willy Brand et al., *North-South: a Programme for Survival*, London, Pan Books, 1980）。

一点）自资本主义发展的早期阶段开始，"不发达"社会就已经与资本主义社会之间形成了一种系统的剥削关系，这种关系是资本主义以一种有利于自己的方式建立起来的。沃勒斯坦对这一问题提出了自己的看法，并在现代世界体系（起源于 16 和 17 世纪）与此前的世界历史之间划出了一条明显的界线。在他看来，在以往的历史时代，最具包容性的社会系统是农业帝国（比如传统中国，它延续了 2000 多年的历史）。然而，这些帝国无论如何成功，都只能支配这个世界的某些部分。帝国"中心"——政府行政管理机构——与"边沿"地带的联系主要通过政治军事权力得以维系。但从 16 世纪以后，世界资本主义经济体系开始逐渐形成，尤其在 19 和 20 世纪得到了加速。在 19 世纪，资本主义经济已真正成为一种全球性经济，在这种经济中，跨越广泛领土边界的联系主要是经济性的，政治军事权力掌握在民族国家的手里，每一个国家都只有在其严格的领土边界内才具有其正当性。用沃勒斯坦的话来说就是，资本主义作为一种经济体系是建立在这样一种事实的基础上的，经济因素的运作范围大于政治社会所能完全控制的范围。[1]

根据这样一种观点，虽然推动资本主义扩张的动力主要

---

[1] 沃勒斯坦：《现代世界体系》，第 348 页（Immanuel Wallerstein, *The Modern World System*, New York, Academic Press, 1974）。

集中在西方——后来其他一些经济发达国家也加入了这个行列，尤其是日本——但"不发达"概念所指的并非那些完全没有为资本主义所触及的社会。资本主义的扩张催生了"不发达"的出现。尽管马克思主义者在形构这种论点上发挥了重要的作用，比如弗兰克（Frank），[①] 但如今，它已经被持各种不同观点的学者所接受。如今，现代化理论很少像20年前那样受到天真的膜拜了，至少在某些方面，人们已经对当代世界体系的主要特征产生了实质性的认同。

　　大部分分析家都同意，世界资本主义经济的形成经过了三个主要阶段。第一个阶段大致从16世纪的早期一直持续到19世纪的晚期，"重商资本主义"是这一阶段的支配形式。在这一阶段的早期，欧洲开始免受外部攻击，并开始世界性的贸易扩张。在"它的"帝国——罗马帝国——崩溃以后的数百年里，欧洲或多或少长期受外部势力的威胁。例如，1241年，蒙古人在一次关键性的战役中取得胜利，从而把欧洲置于其统治的阴影中。但他们实际上并未乘胜前进，这是因为他们的首领窝阔台（Ögödai）猝然去世，同时，他们占领东方的兴趣要远高于对西方的兴趣。但自那以后，独立的欧洲——欧洲各国长期处于相互倾轧的状态——又受到了奥斯曼帝国的威胁。1683年，欧洲人在维也纳击

140

----

　　① 参阅本节结尾部分的说明。

退土耳其人，这可以说是世界史上的一个决定性事件。因为自那以后，欧洲各国的经济和军事发展使它们达到一个足以对抗外来威胁的水平，这种局面一直维持到20世纪的最初十几年间，当美国和苏联这两个"超级大国"出现为止。本国的内部安定是向外进行贸易扩张的跳板。

在漫长的重商资本主义阶段，来自欧洲的商人打开了非洲沿海各地、亚洲以及南北美洲，必要时他们还依仗军事力量来达到其目的。他们在那些地区建立起军事基地，并大量移民美洲，随后彻底改变了这些新大陆。在17和18世纪，欧洲商人在非洲和亚洲的贸易行动则主要是组建被授予了垄断特权的商人合作团体，如东印度公司等。它们表面上是一些纯粹商业性的组织，但实际上有军事势力为它们直接撑腰。因此，这些团体常常能够获得一种形同掠夺的交易条件，因为它们得到了国家的认可和保障。由此形成的结果是，大量财富从世界各地转移到欧洲，这种财富部分为国家所占有，部分则被用作在欧洲本地进行制造业投资的资本。

因此，西班牙从墨西哥和秘鲁运回了大量的银子，葡萄牙从巴西运回了大量的金子，英国则以一种海盗的方式在对抗西班牙和葡萄牙的过程中获得了大量的好处，随后又在印度等其他地方建立起强制性贸易条件，并从那些殖民地获得了大量的金银财富。当然，这些努力的结果也取决于欧洲内部的变化，因此，各国之间有着明显的差别。一方面，在英

141

国，各种原材料和金银的输入为正在发展的本国工业提供了补给，但在西班牙和葡萄牙，财富的涌入反而导致了国内经济的下降。

在重商资本主义时期，"不发达状况的发展"（the development of underdevelopment）随着时空背景的变化而表现在三个层面上：那些被纳入西方商业轨道的社会分别在文化、经济和政治层面上受到侵蚀。在这些破坏性的接触中，没有哪一种是西方资本主义扩张或者说现代阶段所独有的特征。在整个人类历史阶段，尤其是自人类"文明"以来，每个地方都存在着军事力量扩张的现象，某些社会被消灭、吞并或种族屠杀的记述同样罄竹难书。现代西方与往昔不同的地方在于，它使这些过程得以持续和扩大。通过西方生活方式的直接植入，通过大规模肉体灭绝的方式，不发达社会的文化特性遭到极大的破坏。据估计，大约有 1500 万非洲奴隶被贩卖到了美洲，在这些被贩卖的非洲人当中，有相当比例的人死于转运途中，因此，实际被迫背井离乡的人数要远远高于这一数目。同时，在与欧洲人接触过程中而带来的疾病和营养失调，进一步使这一数目得到了提升。在 19 世纪末期的北美，原住民人口几乎被消灭殆尽，而在南美，在从 16 世纪早期到 19 世纪中期这一段时间里，原住民人口也减少了近 40％。至于不发达社会在被纳入世界资本主义经济体系时所出现的经济衰退情况，已存在着相当详细的记述。

142

通过满足欧洲对商品作物（cash crop）的需求，不发达社会的传统生产方式遭到了破坏，或者原有的贸易模式变得土崩瓦解。文化和经济的变迁带来了政治上的瓦解，同时它也是对现有管理机制进行直接干预的结果。

"不发达状况的发展"思想首先是由弗兰克提出来的，[①]正如他所描述的那样，这一思想遭到了相当多的批评。在弗兰克看来，"不发达"状况的形成乃是由于西方商业资本通过控制不发达社会的本土经济的方式形成的，它阻碍了后者的发展。其他一些学者尽管承认"不发达"状况是一种人为的现象，但他们更强调的是各种形式的政治支配，强调那种刻意使不发达社会的工业生产局限于西方的做法上。当然，同样重要的是，他们也强调，重商资本主义阶段并不完全是一个西方社会掠夺世界其他地方的过程。与以前的所有"文明"一样，西方资本主义将其鄙劣的一面与其真正有益的一面混淆在一起：有时，它们在彼此交战的邻国之间建立起和平共处的局面，同时，它还使乡下地主的剥削权力趋于瓦解。对于资本主义发展的第二阶段，即殖民主义阶段来说，这一说法同样存在类似的合理之处。只有在过去20多年以前，殖民主义才告结束，它恢复了欧洲在最初接

---

① 弗兰克：《拉丁美洲的资本主义与不发达》（André Gunder Frank, *Capitalism and Underdevelopment in Latin America*, Harmondsworth, Penguin, 1971）。

触到其他民族时所衍生的一种重要因素：将疾病带给了那些几乎毫无抵抗力的民族。

从16世纪到19世纪晚期，欧洲殖民势力扩张的区域同时也是毁灭性流行疾病传播的温床。在西班牙战士和商人到来之前，天花、麻疹、伤寒等疾病在中南美洲几乎从来就没有听说过。但是，通过这些缺乏自然免疫力的人们，它们在那些地方得到了传播。在与英国人和法国人接触的过程中，类似的命运也降临到了北美部落的身上。最能将这种致命疾病传播开来的途径就是奴隶贸易，它把这些疾病从西非带到了北美，把它们传染给那些毫无防备的人们，同样，又把它们从北美带回了非洲。

然而，在20世纪，以现代医药、接种和卫生条件改善为基础的保健制度，使殖民地国家的死亡率明显下降，这种成就甚至可以与早期欧洲见证的成绩相比较。以前某些被认为是无可救药的疾病，如天花、结核、白喉等，现在也变得可以控制甚至可以根治了。由于缺乏欧洲行之已久的控制生育率的措施，从而出现了世界人口爆炸的结果。144

从表面来看，殖民主义是西方政府应当承担的一种"责任"，但一直以来，它们好像承担得非常勉强。前面描述了不发达社会出现的文化、经济和政治崩溃，在这种情况下，如果西方国家还要维持它们在这些社会的经济利益的话，那么，它们就必须对这些社会进行直接的政治管理。殖民主义在这些社会创造出一种"二元"体制——一种在后殖民时代依然存在的体制。有关这种二元主义的详细阐释尽管存在着差异，但对于其本质却取得了基本的共识。二元主义存在于上面所描述的三个维度上，在被殖民社会的内部，每一个维度上都存在着两套制度体系，两者既相互分离，又彼此连结。经济二元主义存在着各种不同的表现形式，但它本质上指的是："发达"或"工业化"地带与其他地带或领域存在的更为传统的经济活动形式同时存在。两种地带之间通常存在着极大的财富和收入不平等，而且在许多国家，还出现了大量从被剥削的乡村向城市迁移，但后者又缺乏相应经济或行政手段来应对这种迁移的情况。在第三世界，城市并不像欧洲所出现的情况那样，是一个与工业化携手并进的过程，第三世界的城市往往也具有"现代的"或"西方化的"市中心，具有某种程度的商业和工业发展，但城市的外围则被破败的村镇所包围，在这些村镇里，大部分人口都过着一种吃了上顿不知下顿在哪里的日子。文化和政治二元主义通常与经济二元主义密切相关。前者指的是在西化的市中心外围，

145 总是存在着苟延残喘的传统生活方式，而后者所指的则是，在存在一套由西方官员所组成的政府机器的同时，还存在着一批由殖民地政府所录用的行政官员。随着非殖民化（decolonisation）的发展，这往往形成一种"头重脚轻"的社会，即用一套高度发达的政府体制来治理一个深陷于殖民主

义经济剥削的国家。①

毫无疑问，殖民主义推动和加速了"不发达状况的发展"。殖民剥削在催生其他结果的同时，也形成了西方国家与被殖民国家之间不平衡的经济模式。为了促进本国工业的发展，西方国家在殖民地直接建立起了原材料的生产和贸易体系，使殖民地的大量可耕用地种植一两种容易获利的商品作物。由此形成的结果是，本地人口再也没有其他可耕种土地用于满足自己的需要。更有甚者，殖民地政府尽管可以通过商品作物获得某些利益（大部分利益都被宗主国剥削殆尽），这种利益也往往受这些作物在世界市场上的价格波动的冲击。在橡胶、可可、咖啡、糖以及其他经济作物销售高涨的时期，利润就会流到殖民地国家以外的其他地方去，但在价格下跌的时期，殖民地国家则无路可退，因为它们的产品非常单一，别无选择。

世界经济的当前发展阶段是一种后殖民主义的阶段，以前屈从于直接殖民统治的大部分地区都赢得了独立，成为"新的民族国家"。由于前面各种情况所遗留下来的历史结果，这些国家仍然背负着被剥削的包袱。通过将相对富裕的北方与相对贫穷的南方进行比较，可以发现，"发达"国家

146

---

① 沃尔斯利：《三个世界，文化与世界发展》(Peter Worsley, *The Three Worlds. Culture and World Development*, London, Weidenfeld, 1984)。

与现在通常被称作"更不发达"（而不是"不发达"）国家之间存在着巨大的、世界范围的经济不平等。大部分工业国家都坐落在赤道以北，发展中国家则坐落在赤道区域或赤道以南。因此，非洲、拉丁美洲和南印度等相对贫穷的广袤地区，全都坐落在世界主要大陆的南部，而美国、欧洲和日本则坐落在偏北的地方。

当代世界的不平等

迄今为止，我讨论了"第一世界"和"第三世界"，但对"第二世界"——指苏联、东欧、中国、古巴以及其他一些地方——只字未提。从某种程度上说，第二世界跨越了南北的划分。社会主义国家公开声称坚持马克思主义，并在某种程度上使自身与资本主义经济隔离开来。也就是说，在镇压或严格限制私人资本的基础上，这些国家建立起计划经济的制度安排，从而使自己从迄今为止仍然存在于西方和第三世界国家的剥削关系中抽离出来。之所以说是"某种程度上"，那是因为，苏联和东欧国家与西方国家之间实际上仍然存在着各种各样的经济联系，因此，它们实际上并没有与影响西方经济发展的因素形成绝对的隔离，起源于资本主义"中心"的经济衰退对它们仍然有着直接的影响。

要对存在于世界体系中的三大主要领域的相对经济地位

进行总体描绘，这是一件极其容易的事情。"资本主义"中
心约占世界版图的四分之一，世界总人口的五分之一，但其
经济产出却占世界的五分之三。社会主义国家的总产出不到
西方和日本等发达资本主义社会的一半，但是，它们仍是第
三世界国家两倍多。[①]

表 7.1 说明了全球不平等的程度，它所关注的主要是世
界上非社会主义国家的国民生产总值。

表 7.1　1975 年全球生产水平的比较（占世界总量的百分比）

	GDP	农业	工业活动	交通和通讯
发达市场经济地区	81.5	51.2	81.0	84.3
发展中的市场经济地区	18.5	48.8	19.0	15.7
非洲，南非除外	3.0	10.7	2.5	2.5
美国和加拿大	33.9	15.9	30.6	34.6

资料来源：《联合国统计年鉴：1981》。

在上表中，GDP（国内生产总值，又称经济生产总
量）及其各细目，如农业生产、工业生产、交通和通讯等，
是通过它们在世界生产总值中所占的比例来表达的。"发达
市场经济地区"指的是我前面所说的资本主义"中心"，或

----

① 参阅兰吉特·沙：《不平等交易，帝国主义与不发达》（Ranjit Sau, *Unequal
Exchange, Imperialism and Underdevelopment*, Calcutta, Oxford University
Press, 1978）。

者说第一世界国家，而"发展中的市场经济地区"则指由第三世界国家所组成的广大地区。上表非常清楚地表明，第一世界国家在全球生产中处于何等支配的地位，它们占据了全球 GDP 总量的 81.5％，而来自第三世界国家的比例则只有 18.5％。

如果把南非排除在计算的范围之外的话，那么，整个非洲大陆在全球 GDP 总量中所占的比例仅仅是 3％左右，相反，美国和加拿大却几乎占据了总量的三分之一。在国民生产总值的各个细目中，同样表现出类似的情况。相对于其他生产部门而言，第一世界国家的农业是一个非常小的部门，但是，它们却控制了世界农业生产总值的一半以上，在制造工业、交通和通讯领域，它们所占的份额达到了 80％以上。

在第二次世界大战以来的非殖民化时期，国际资本主义的性质也出现了一个重要的发展："跨国公司"发挥了越来越大的作用。在讨论资本主义经济的发展趋势的过程中，我已经谈到经济生活日益集中在大企业的控制之下的现象。这些企业的成长，内在地是以它们在世界各地的活动范围的扩张为基础。随着西方国家直接殖民统治的瓦解，跨国公司在世界经济中已成为一种主导性的影响力量，尤其是在与第三世界国家的事务方面表现得更加明显。当然，从某种意义上说，这并不是一种全新的现象：在世界资本主义经济的发展过程中，庞大的、占垄断地位的贸易公司就是它们的先驱。但是，战后跨国资本主义的发展也表现出独特的特征。跨国 149 公司所介入的经济活动范围远大于它们的先驱。它们的财政收入总额可以与某些工业国家的 GDP 相匹敌，甚至超过后者。在"经济合作与发展组织"（OECD）中的 24 个国家中，有 11 个国家的 GDP 小于埃克森美孚公司（Exxon）。

　　跨国公司可以被定义为由坐落在不同国家的公司所组成的联合体，它们由共同的所有者领导，从而执行一套共同的策略。所有跨国公司都有位于特定国家的"母公司"，美国在这一方面处于支配性地位，其次是英国和西德。[①]由于它们是一些全球性的组织，所以它们能够回避各个国家试图强加在它们身上的某些限制，从而可以以各种途径获得其资源。例如，几个巨型汽车制造企业在国际向度上安排其生产，从而得以在全世界的劳动力和原材料成本方面获得其利益。因此，福特护卫者（Ford Escort）是一种"世界性轿车"，它在全球范围内统一其生产标准，从而无须过多考虑民族国家的边界就能轻易地调整其生产安排。然而，母公司所在的国家却不可小觑，因为最高的政策决策是在这个国家做出的，而且利润主要也是流向这个国家。因此，母公司的

---

① 参阅罗伯特·吉尔平：《美国的势力与跨国公司》（Robert Gilpin, *U. S. Power and the Multinational Corporation*, London, Macmillan, 1976）。

国籍分布强烈地影响了世界资本积累的模式。

对于跨国公司对第三世界国家所造成的总体结果，目前已经进行了大量的讨论——比如，跨国公司到底是加大还是缩小了穷国与富国之间的差距的讨论。有些人认为，跨国公司的活动只是促进了资本主义"中心"的发展，它们使对更不发达国家的剥削更上了一个台阶。不乏这样的例子，跨国公司所执行的是一种极其有害于穷国的政策。例如，在过去20年间，跨国公司在这些国家发动促销宣传，目的在于使婴儿的母亲使用脱脂奶粉以及其他婴儿用品。但牛奶喂养一旦普遍代替了母乳喂养之后，所导致的直接结果便是婴儿死亡率的上升。母乳的含菌率不仅低于人造乳，而且它还能促进短期抗传染能力的形成，同时使他们形成长期的免疫保护机能，以抵抗许多疾病的传染。

但是，与上述例子相比，实际的情况要复杂得多。跨国公司在子公司所在的国家投资了大量的资本，并越来越普遍地在这些国家建立起工厂，以便就近利用这些国家廉价的原材料和劳动力。由此导致的结果之一便是"脱节"（disarticulation）现象——二元主义的促进因素之一——的出现。用阿明（Amin）的话来说，脱节指的是经济"主要由各种地位平等，但彼此之间又没有很好地整合在一起的部门和公司组成，但是，这些部门和公司又各自被以资本主义世界为中心的体系所强烈整合"。①

　　一份有关墨西哥所有最大制造业公司的研究表明，外资公司占据了全部最大制造业公司的45％以上的比例。有关巴西的类似研究也得出了极其相似的结果，并进一步发现，这些大型的外资公司还相当广泛地控制了由更小公司所组成的网络。但同时，将直接生产能力放在世界上的贫穷国家，也至少为后者经济基础的发展提供了一种潜在可能，为其物质繁荣打下了基础。但这仍取决于"受助国"自身的特殊情况，如它们对资本的流入和流出能够控制到什么程度，在国际资本的支配领域之外，它们能够在多大程度上建立起自主的经济领域。

　　未来10年的图景将很可能是：广大第三世界国家依然处于相对贫穷的状态，同时，西方强国的经济实力则受到了相当程度的削弱。在形成企业经济的联合方面，石油生产国在资本主义中心之外建立起了一个重要的权力中心（OPEC）。但这种战略在其他矿产品方面未必能够取得类似的成功，这是因为，石油资源更加集中在某些特定的区域，而且与其他矿产品相比，石油资源对西方国家有着更根本的重要性。因此，更为重要的是，必须在资本主义"中

---

　　① 阿明：《世界规模的积累》，第 289 页（S. Amin, *Accumulation on a World Scale*, New York, Monthly Review Press, 1971）。

心"之外建立起某些工业生产据点，从而与西方产品进行有效的竞争。这一状况似乎将推动西方国家"非工业化"（de-industrialisation）趋势的发展，使西方制造业走向衰落和遭到破坏。部分是由于跨国公司活动的结果，部分是由于本国工业的扩张所致，巴西、委内瑞拉等拉丁美洲国家，以及韩国、中国香港和中国台湾等国家和地区，已经能够在自身实力的基础上成功地挑战资本主义的"中心"。如果制造业这种从中心向边缘扩展的趋势得以持续，那么，它对西方国家所造成的冲击将会是极其广泛的。"滞胀"（stagflation）——低增长率与高通胀率并存的现象——将可能成为西方国家所面临的普遍现象，同时，以前被看作是第三世界国家所特有的失业率也将随之出现。

民族国家、民族主义与军事力量

在探讨民族国家（nation-state）、民族主义和军事权力等主题时，我们必须暂时停止有关工业社会理论与马克思主义理论之间的比较。因为这两种理论都没有对这些主题进行过充分的解释。从表面上看，这种现象的出现的确是一种非同寻常的情况。在过去 300 年左右的时间里，当"世界资本主义"兴起的时候，民族国家也逐渐成为整个世界的主流政治形式。自 16 世纪以来，资本主义的扩张与西方军事力量——尤其是海军力量——的加强有着密切的关系。在当代世界，随着包括法西斯主义和左翼激进主义在内的各种运动的发展，民族主义已经成为一种最具影响力的主义。在20世纪，战争和军事暴力已经达到了一个史无前例的水平，在这一方面，先后发生的再次世界大战以及其他战争中发生的对数百万人口的集中屠杀可以证明这一点。然而，无论社会学家们在其他方面提出过多么令人膺服的高见，这些可怖的事实他们在社会学中提都没有提到过。

这样一种情况是如何产生的呢？原因之一在于我在第四章曾经提到过的有关"社会学"与"政治科学"之间的学术分工，这种分工把对国家的分析看作是后者的专利。但是，即使是按照这种思路，对国家的分析还是显得极不充分，因为它所关注的主要是民主制度的内部构造，或者是国家的经济角色。我在前面曾经讨论过"不发达状况的发展"，这方面的文献对于理解现代世界体系的形成有着重要的意义。但它们大部分都停留在经济层面的论述上，好像只有商品的生产和交换才在世界体系中具有重要的影响一般。要解释这一侧重点之所以处于主导地位的原因，就必须追溯从18世纪晚期到19世纪社会学所传承下来的知识传统。不论是工业社会理论还是马克思主义传统，它们都极端强调这样一种思想，即现代工业的发展将以和平的经济交换关系取代封建主义的军事秩序。它们都认为，经济冲突是最主要的冲突形

153

式，而且各自都认为，这种冲突将能够被克服——前者认为将会被成熟的工业主义所克服，后者则认为，将会被社会主义革命所克服。不论是哪一种思想传统，都没有以一种内在的方式把现代国家与军事暴力联系在一起，或者把它与明确领土边界范围内的行政控制联系在一起。简言之，它们都没有把国家看作是民族国家，它与其他民族国家处于潜在对立或实际对立的关系之中。马克思同样没有看到民族主义所标榜的理想在当代社会所具有的重大影响，耐人寻味的是，在20世纪出现的为了实现马克思主义政府的重要革命中，民族主义情感却扮演了相当重要的激励作用。

要理解民族国家的兴起，就必须把资本主义的兴起与中世纪后期欧洲存在的社会条件联系起来。16世纪的欧洲是一个由众多小国所组成的网络结构，它是一个在共存、结盟和冲突之间不断转换的国家体系。无论它是不是资本主义兴起的一个必要条件，但它无疑是资本主义扩张的历史背景。在那个时候，这些国家还不是民族国家。民族国家可以被定义为：它是政治治理的各种制度，在这些制度下，社会统治者成功地实现了对暴力工具（军队和警察）的垄断，控制成为他们在特定领土边界范围内进行行政管理的主要保障措施。从这种意义来说，16世纪的欧洲国家并不是民族国家，因为它们绝大多数的边界还游移不定，并且缺乏后来逐渐形成的中央集权式的国家机器。在民族国家的形成过程中，本章开头提到的交通和通讯的发展扮演了极其重要的角色，同时也与稍早论及的各种形态的城市发展息息相关。这些要素使以往无法企及的政府行政效力得到了相当程度的发展。同时，在战斗艺术方面，工业生产的扩张为军事力量的升级提供了空前的基础。因此，欧洲早期的国家体系是民族国家后来得以巩固的基础。战争和外交塑造了这些变化。16世纪，欧洲存在着 500 个左右的自主性国家或公国，到 20世纪初，这一数目急剧地缩小到了 25 个。①

155

现代民族国家的形成与民族主义情感的兴起息息相关。民族主义可以被定义为：对于某些符号的共同归属感，这些符号可以使特定人群的成员认同他们归属于相同的共同体。欧洲民族主义的出现或多或少与民族国家的形成是步调一致的。因此，它是一种极为晚近的现象，与欧洲国家体系发展的早期阶段出现的对于共同体的弥散性情感（diffuse feelings）有着明显的区别。因此，非常明显，欧洲民族主义的强化与地域性共同体的联结纽带、归属感和方言文化等的瓦解密切相关，这一现象是随着民族国家的到来以及由此导致的中央集权化过程而出现的。然而，同样明显的是，民族国家和民族主义不应当仅仅被看作是同一枚硬币的两面。

---

① 参阅蒂利：《欧洲民族国家的形成》（Charles Tilly, The *Formation of National States in Europe*, Princeton, Princeton University Press，1975）。

例如，当代非洲出现的后殖民国家无疑是民族国家，但有些国家更多是建立在地区划分的基础之上，而不是以对民族共同体的归属感为基础。

如果说资本主义世界经济是现代世界体系的一个突出特征的话，那么，民族国家体系同样是现代世界体系的突出特征之一。沃勒斯坦已经提到过这点，但他并没有对这一观察结论所隐含的含义加以充分的讨论。随着民族国家的全球扩张，发动战争的手段也越来越聚集在了民族国家的手里。阿明所提出的"世界规模的积累"在适用于物质财富增长的同时，同样适用于军事装备的发展——这种发展在当前核武器时代已经达到了顶峰，这个时代把我们大家都置于一个生死存亡的刀刃上。

结论：作为批判理论的社会学

在本书中，我试图给读者介绍一种社会学观念，这种观
念明显不同于长期以来在这一学科中一直处于支配地位的各
种思维模式。那些试图以自然科学的模式来建构社会学，进
而发现社会行为的普遍规律的学者，总是把社会学与历史割
裂开来。与这种观点不同，我们除了必须强调社会学与历
史——或更准确地说，是社会科学与历史——之间的不可分
割之外，还要走得更远一些，尽管这种主张显得具有煽动
性。我们必须理解历史是如何经由人类的积极介入和奋斗而
形成的，同时它反过来又如何形塑着我们人类自身，并产生
出各种以前从未预见过的后果。作为社会科学的理论背景，
没有什么事情会比这样一个摇摆于极大机会与全球性灾难之
间的时代更加重要。

放弃正统的观念意味着必须拒绝那种把社会学仅仅局限
于描述和解释层次的看法。与所有其他的社会科学一样，社

会学内在地、不可避免地是它所要理解的"研究题材"的组成部分。作为一项批判的事业，社会学思想必须在我前面区分的三种社会学想象力的基础上得到重构。在理解那些已经消逝在历史长河中的各种社会形式之后，在认识了那些迥然有别于由于当前社会变迁而塑造出来的各种生活方式的基础上，我们能够实现社会学作为一项批判事业的任务。作为一种批判的理论，社会学不把任何社会世界看作是既定的事物，而是提出如下问题：什么样的社会变迁才是可行的和值得追求的？我们应该通过何种方式来实现这些目标？

有些人会说，马克思主义早已为这些问题准备好了答案，我们只要用"马克思主义"代替"社会学"就可以了。出于两方面的原因，我不同意这样一种看法。一是情况并不像这种观念所认为的那样，马克思主义和社会学是两种泾渭分明的知识体系。社会学应当吸收马克思主义传统中所隐含的精辟见解，同时又不要与它融为一体。第二种原因以下述逻辑为基础：马克思主义传统中存在着太多的缺陷和不足，因此它不足以成为整个社会学分析的基础。

在比较马克思主义与工业社会理论的过程中，我已经表明，马克思的著作对于社会学来说有着根本的重要性。资本主义的扩张为后来西方工业生产的发展提供了动力。从本质上说，西方社会仍然是资本主义社会，尽管自马克思从事写作以来，这些社会已经发生了巨大的变化。阶级斗争不仅直接介入了这些变化，而且仍旧是工业关系和国家本质的核心。与以前所有的生产体系相比，资本主义生产的扩张性质提高了技术革新的频率。因此，当马克思写道，"它（资产阶级）创造了完全不同于埃及金字塔、罗马水道和哥特式教堂的奇迹；它完成了完全不同于民族大迁徙和十字军征讨的远征。……生产方式的不断变革，一切社会状况不停地动荡，永远的不安定和变动，这就是资产阶级时代不同于过去一切时代的地方"，这并不是一种保守陈旧的言说。而且，正如马克思经常强调的那样，这种动力已经使资本主义经济体制遍布整个世界。资本主义"工业所加工的，已经不是本地的原料，而是来自极其遥远的地区的原料；它们的产品不仅供本国消费，而且同时供世界各地消费"。①

自马克思从事写作以来，马克思主义就已经以各种不同的方式得到丰富的发展。当然，马克思主义也以这种或那种形式成为各国政府的官方思想体系，这些国家支配了世界许多重要的地方。然而，当它在政治层面取得成功的时候，它作为一种理论和实际体系所隐含的缺陷也表现得越加明显。众所周知，社会主义革命都是发生在处于资本主义边缘地带的国家，而不是西方工业先进的核心地带。这一现象对于我

---

① 卡尔·马克思和弗里德里希·恩格斯："共产党宣言"，载《文选》（1 卷本），第 38、39 页（Karl Marx and Friedrich Engles, "Manifesto of the Communist Party", in *Selected Works in One Volume*, London, Lawrence & Wishart, 1968）。

们评估整个社会主义方案的意义，目前仍是一个极具争议的课题。无可否认，苏联和其他社会主义国家尽管彼此之间存在着差异，但它们至少都与社会主义理想所宣称的人道的、自由的社会秩序相去甚远。作为一个在资本主义敌对势力包围下迅速工业化的社会，苏联是在一种特殊的条件下谋求发展的，这种条件无疑有助于形成其权威主义的特征，正如它现在所表现的那样。同时，它对后来建立的社会主义国家的影响进一步再生产出类似的权威主义因素。这种现象可能招致某些马克思主义者对苏联版社会主义的尖锐批判，实际上，近年来，已经出现了许多类似的批判，他们大部分都是一些生活在西方——尽管不是全部来自西方——的马克思主义者。然而，现存社会主义社会的极权主义性质到底在多大程度上可以归结为马克思思想本身的局限，目前仍是一个带有根本性的问题。如果情况真如我想象的那样，那么，对当代政治理论进行重建的工作就可能比那些害怕偏离马克思学说太远的人所想象的还要深入。

马克思的批判者大部分都持一种保守主义的或自由主义的立场。但在我看来，对批判的社会理论来说重要的是，在吸收这些学者的精华的同时，还必须从左翼的立场去批判马克思。除了极权主义政治控制是如何起源的这一根本问题之外，我认为，还进一步存在着四组与人类解放密切相关的问题，这些问题在马克思本人的著作或者后来马克思主义者的大部分著作中都没有得到有效的分析（但我在本书中没有足够的篇幅来分析这些著作）。

第一组是有关人与自然之间的关系问题，以及自然在维持人类生存方面所能提供的资源问题。对于自然，马克思尽管也曾提出过某些值得注意的见解，但他的著作主要是把自然看作是人类社会进步的中介。换句话说，社会的进步被等同于工业的发展，被等同于马克思所谓的"生产力的发展"。资本主义尽管制造出各种各样的不平等，但在马克思看来，它仍然是一种进步的生产方式，因为它破坏了其他在经济方面比较停滞不前的社会形态。

但是，把其他与自然发生关系的模式置于人类对物质繁荣的追求之下，可能将破坏那些西方社会仍然有待于好好学习的生活方式。因为对西方资本主义兴起以前的大部分其他文化来说，自然都不仅仅是物质进步的一种中介。人类与自然之间并不存在像现代城市环境那样可以明显感觉得到的距离。对我们这辈人来说，"乡下"是一种（尚未遭到工业破坏，或者尚未被纳入种植统一商业作物之下的）遐思的对象，是一种周末逃遁的去处。然而，在绝大多数文化中，甚至几乎在整个人类历史上，人类都偎依在自然的怀抱中，把自己看作是自然的一部分，其中揉合着美和宗教的体验。但我们却只是偶尔以一种零碎和残缺的方式瞥见这种体验深度的瞬间光辉。在《燃烧的诺顿》（Burnt Norton）诗篇中，艾略特（T. S. Eliot）曾经约略地提到过这种感受，当他写到那种难以捉摸的哀婉氛围时，这种氛围源自"那在玫瑰园中的瞬间，那雨声沥沥的凉亭里的瞬间，那烟雾缭绕在清风习习的教堂里的瞬间……"

我们是否应当假定，这些瞬间的体验都可以而且应当在现代世界中留存下来？如果是的话，那么，数千年的人类历史和多姿多彩的人类生活方式就都被我们一笔勾销了，剩下的就只是一种古老的奇思怪想。即使假定我们的确应当采纳这种观念，这种在今天看来本身有点原始和颠倒的奇思怪想，那么，非常明显的是，在 20 世纪的今天，人类工业对自然的利用就必须有某些生态方面的限制。不论是资本主义社会还是社会主义社会，当代对经济发展的重视都已使这个世界不断步入生态灾难的深渊。虽然使生产资源的再分配朝着有利于第三世界国家方向发展的任务刻不容缓，然而，更为重要的是，必须克服那种认为只要通过更多的技术革新便能解决当今世界所面临的经济问题的看法。因此，一种可以弥补马克思主义传统关怀的激进主义是一种生态激进主义，它与那种纯粹以工具的态度来对待自然的观念相去甚远。

第二组是有关人种或种族压迫的问题。正如在分析资本主义扩张时所做出的突出贡献一样，马克思以及后来马克思主义者的著作在这些问题上也提出过精辟的见解。从早年的奴隶贸易开始，第三世界的人们或多或少是被强行"输入"或者因为可以获得较高生活水平的承诺而被引诱到资本主义花花世界的。这种发展趋势的一个晚近现象就是，富裕的西欧社会从较贫穷的国家引入了大量的外来劳工。例如，20 世纪五六十年代，西德从土耳其引入了大量的"客籍工人"(guest workers)。这些劳工——如果没有返回他们的祖国——主要从事着一些报酬低廉、前景黯淡而且缺乏安全保障的职业。

只有以西方殖民主义的历史以及潜藏在这种主义之下的各种观念为背景，我们才能对先进资本主义社会的种族压迫问题有较清楚的了解。正如美国黑人和其他"非白人"少数民族的命运所表明的那样，这种观念有着非常顽固的品质。与 19 世纪和 20 世纪早期来自欧洲的白人移民相比，这些群体有着明显而完备的差别。前者中的许多人是为了逃避他们原来生长土地上的压迫处境而来到这个国家，并继续过着一种贫穷的生活。但对他们的绝大多数后人——而不是全部——来说，美国是一个"大熔炉"，他们能够与他们居住于其中的社会融为一体。但是，对于那些"非白人"少数民族而言，情况却完全不同，他们明显不能像欧洲移民那样融合到社会中去。低劣的就业条件和城市中悲惨的少数民族隔离区就是他们生活条件的永久写照。①

162

---

① 参阅布劳纳：《美国的种族压迫》(Robert Blauner, *Racial Oppression in America*, New York, Harper & Row, 1972)。

但是，种族压迫并不是资本主义所特有的问题，资本主义的转化本身并不意味着这种压迫的终结。事实上，现存社会主义社会与种族歧视问题同样脱不了干系。我们对此不必感到惊讶，因为，无论它以何种面目出现，马克思主义似乎都没有把种族歧视问题看作是一种独立的剥削之源——这里的独立指的是独立于阶级支配机制之外。这是因为，在当代资本主义社会，种族压迫与阶级划分尽管密切关联，但如果把其中一方化约为另一方则是错误的。批判社会理论的目标之一就是要对种族歧视和种族剥削问题进行分析，从而摆脱马克思主义集中于分析阶级支配的既定思维。

第三组是有关性别压迫的问题。这些问题与种族划分所引起的问题存在着类似之处。在分析资本主义兴起的过程中，马克思主义者已经对妇女压迫问题进行过大量的研究。我在前面也进行过某些讨论。随着家庭与工作场所的分离，资本主义的发展以及特定家庭生活方式的出现，一种有关家庭生活的理想也孕育而出，并极大地影响了妇女在社会中的地位。就像人种上的少数民族一样，妇女劳工——其中有极高比例来自少数民族——往往也处于恶劣的工作条件中。马克思主义思想中有关这一点的说法除非得到实质性的重建，否则它就不能掌握性别剥削的起源和本质。

马克思本人很少提到这一问题，但他的朋友和亲密合作者弗里德里希·恩格斯在《家庭、私有制与国家的起源》一书中，的确试图对女性所遭受的压迫进行系统的论述。我们很难说马克思在多大程度上会同意恩格斯的观点，但我们似乎没有理由认为两者在基本观点方面存在什么出入。恩格斯以 19 世纪某些人类学家的著作作为依据，认为人类最早的社会形态是母系社会——妇女处于支配地位。男性的支配以及父权制的出现乃是历史的产物。父权制的发展与阶级和国家的出现密切相关。随着男性在保护新近获得的财产利益方面的作用不断提升，父权制也就开始驶出历史的地平线（我们必须注意，恩格斯在这种情况是如何产生的问题上并没有做过清楚的说明）。因此，按照恩格斯的理论，男性支配可以直接从阶级支配中得到解释。在他看来，既然父权制是阶级支配的结果，那么，随着资本主义为社会主义所取代，或者说随着无阶级社会的到来，父权制也就将最终消失。

社会科学的各种发现表明，自恩格斯时代以来，他的观 164 点就很少能够站得住脚。人类学的证据表明，在人类社会的发展过程中，根本就不存在一个所谓母系社会的阶段。正如我在第六章指出的那样，一切已知的文化在其各个层面都是父权制的——应当说明的是，其中也包括现存的社会主义社会——尽管在不同的社会体系中，父权制的表现形式也各不相同。我们不能"以偏概全"，把父权制看作是阶级支配的表现形式。就像种族压迫问题一样，我们必须从它本身进行分析，如果我们没有认识到这一点，有关推动妇女解放的各种实践方案也就不可能取得多大的成果。从对社会生活所具有的意义而言，女性主义或许比马克思主义来得更加激进。

第四组是有关国家权力的问题，其中包括暴力蔓延的问题。正如我稍早曾经指出的那样，马克思主义对阶级支配问题的着重强调导致它在这些问题上的双重失败。无论在前资本主义时期的社会中还是在资本主义社会中，国家都仅仅被看作是维护支配阶级统治的一种中介，根本不存在把它看作是一种独立权力资源的空间。部分是由于这种偏重所造成的结果，马克思主义没有从军事暴力的角度对现代民族国家和世界国家体系进行过充分的论述。

由这些观点所衍生的支流是错综复杂的，但我们不能忽视它们的意义。就现代国家的内部构成而言，它们需要的显然是一种极权主义的理论描绘。马克思主义曾经设想，国家将会为社会主义社会所超越，但由于我在前面一章所阐明的各种原因，国家这种现象比马克思主义所设想的还要可怕得多。我们不需要任何复杂的社会学分析就可以看出，在社会主义社会中，国家不但没有消失，而且它对公民个体所拥有的权力比资本主义自由民主制度下的权力还要广泛得多：它们是一些国家社会主义（state socialist）的社会。为什么会出现这样一种情况？对于这一问题的解释，苏联发展的特殊条件，以及此后它对各种社会主义运动的影响，当然都与这一问题的解释密切相关。但如果我们认为这一问题的答案全

165

在于此，或许就有点短视。

这些"内在的"政治问题尽管显得重要，但与民族国家和暴力相比，它的意义就有点黯然失色。在批判资本主义的过程中，马克思的主要论点之一就是他所谓的资本主义生产的"无政府状态"。资本主义企业的动力在于通过市场上的商品买卖来获得利润。市场机制把生产者和消费者联系在了一起，然而却不存在任何直接的机制来架通生产与人类需要。在现代经济关系中，情况依然如此，只不过这种"无政府状态"存在于世界经济体系中，而不是个别国家的经济活动中。但是，目前已经出现了另一种"无政府状态"，它威胁着这个星球上的每一个人的生存，那就是民族国家之间的关系。在当前的世界民族国家体系中，到处都遍布着前所未见的摧毁性潜在武力，然而却缺乏一套全局性政治机器来约束这种局面。有些人声称，民族国家的时代已经终结，因为在他们看来，欧共体（EEC）等国际组织已经出现，联合国、世界银行、国际货币基金组织等已然存在，但这种说法完全就是一种无稽之谈。当前的两个"超级大国"① 都是民族国家，它们都拥有毁灭整个世界的能力，至于其他拥有核武器的国家——它的数目每年都在增多——情况也都如此。

社会主义，就其目前所展现的面貌而言，并无助于通向一种

① 指美国和苏联。——译者

和平的国家共同体。在苏联的模式之下，社会主义已被禁锢在对立的核心，并威胁着整个世界的未来。就苏联与中国、越南与其社会主义邻国之间苦涩的关系而言，当代社会主义国家同样是民族国家，它们与其他民族国家一样，都垂涎于领土，并且在发现自己的利益被他国所窥伺时便随时准备动用军事暴力。

与那些没有从旧的马克思主义传统中走出来的人相比，激进的社会理论必须对世界民族国家体系有一个更充分的理解，而且，它的主要关切点在于支持各种社会运动，这种社会运动试图制止或完全瓦解那种视"威慑"为应对民族国家"无政府状态"的唯一手段的信念。在世界历史的当前发展关头，我们的确已经远离了马克思在19世纪中叶所描绘的图景。马克思当时深信人类的进步和发展，这体现在其名言的字里行间："人类只会从事他们能够解决的任务"。当然，我们今天已经不再如此自信了，但我们也不应当陷入听天由命的绝望之中。因为，人类的确在创造着自己的历史，而且我们依然可以把持一线希望：只要我们理解这段历史，那就将允许我们去改变它——或者至少，这份理解将使我们确信，它还能够继续走得下去……

索　引

（译名后的数字为原书页码，即本书边码）

SOCIOLOGY：A BRIEF BUT CRITICAL INTRODUCTION by ANTHONY GIDDENS

Copyright © ANTHONY GIDDENS, 1986

This edition arranged with BLOOMSBURY PUBLISHING PLC

Through BIG APPLE AGENCY, INC., LABUAN, MALAYSIA

Simplified Chinese edition copyright：

2024 © SHANGHAI TRANSLATION PUBLISHING HOUSE(STPH)

All rights reserved.

图字：09 - 2006 - 616 号

图书在版编目（CIP）数据

　　社会学/（英）安东尼·吉登斯（Anthony Giddens）
著；郭忠华译. —上海：上海译文出版社，2024.3
（译文经典）

　　书名原文：Sociology：A Brief but Critical
Introduction

　　ISBN 978 - 7 - 5327 - 9494 - 2

　　Ⅰ．①社…　Ⅱ．①安…②郭…　Ⅲ．①社会学　Ⅳ.
①C91

　　中国国家版本馆 CIP 数据核字（2024）第 026146 号

社会学：批判的导论

[英] 安东尼·吉登斯 著　郭忠华 译
责任编辑 / 李欣祯　装帧设计 / 张志全工作室

上海译文出版社有限公司出版、发行
网址：www.yiwen.com.cn
201101　上海市闵行区号景路 159 弄 B 座
山东韵杰文化科技有限公司印刷

开本787×1092　1/32　印张7　插页5　字数126,000
2024 年 3 月第 1 版　2024 年 3 月第 1 次印刷
印数：0,001 - 6,000 册

ISBN 978 - 7 - 5327 - 9494 - 2/C · 111
定价：62.00 元